청년이 온다

국립부경대학교 글로벌차이나연구소 동아시아청년학 총서 01

청년이 온다

유동하는 세계, 청년이라는 징후

국립부경대학교 인문한국3.0사업단 엮음

산지니

청년이 온다
- 유동하는 동아시아, 새로운 주체들의 등장을 기대하며

유동(流動)하는 세계, 청년이라는 징후

청년이 도래한다. 견고했던 근대의 사다리가 끊어진 자리, 청년들은 생존을 위해 국경을 넘고 낯선 도시를 부유한다. 기성세대가 도파민 중독이라고 염려하는 스마트폰의 작은 화면 속에서 생존을 위한 감각을 벼려내며, 침묵을 강요받던 광장과 기후위기의 현장에서 목소리를 내고 있다. 모든 것이 액체처럼 흐르고 빠르게 증발해버리는 유동의 시대, 청년은 이 불안정한 세계의 징후이자 가장 먼저 반응하는 존재다. 이 책은 불안과 희망이 교차하는 동아시아의 파도 위에서 새로운 항로를 개척하는 청년들의 모습을 말하는 첫 번째 보고서다.

부산에서 시작된 동아시아청년학

이 책을 펴낸 국립부경대학교 인문한국3.0사업단은 '동아시아 청년학: 유동사회와 청년인문학의 구성'이라는 어젠다를 품고 출범했다. 대륙과 해양이 만나는 접점인 해역도시 부산에서, 우리는 앞으로 6년 동안 한국을 넘어 중국, 일본, 대만 등 동아시아 전역을 무대로 청년들의 삶과 현실을 탐구하려 한다. 우리가 천착하는 청년인문학은 청년의 시선으로 세계를 다시 읽어내는 시도다. 문학, 문화연구, 역사, 사상, 사회과학의 경계를 넘나드는 융복합적 연구는 청년들이 겪는 실존적 문제들이 개인적 차원이 아닌 시대적-지역적 문제임을 밝히고, 그들이 만들어가는 새로운 질서가 동아시아의 미래를 가늠할 중요한 지표임을 증명해 나갈 것이다.

학문의 담장을 넘어, 공감과 연대의 언어로

이 책은 본 연구단 출범 이후 지난 몇 개월간의 치열한 고민과 연구성과를 엮은 동아시아청년학 총서의 첫 번째 결과물이다. 연구자들만 공유하는 학술적 언어 대신, 대중과 호흡하고 동시대 청년들과 공명할 수 있는 언어로 청년의 현실을 이야기하고자 했다. 총 4부로 구성된 이 책은 '청년이란 무엇인가'라는 질문에서 시작해, 각자도생의 시대를 돌파하는 생존 방식과 기성세대는 감각하지 못하는 문화적 코드, 그리고 세상을 바꾸려는 정치사회적 행동으로 시선을 확장한다.

제1부 청년을 묻다: 경계, 역사, 호명

1부에서는 청년을 규정하는 기존의 틀을 깨고 질문을 던진다. 김선기는 「나도 청년이 맞나요?」를 통해 19~34세라는 법적 나이로 청년을 가르는 정책의 허상을 짚으며, 청년문제 해결의 핵심은 생물학적 나이가 아니라 불평등을 해결하려는 당사자성에 있음을 역설한다. 서광덕은 「청년 루쉰과 그가 본 '청년'」에서 100년 전 동아시아 근대의 출발점에 섰던 루쉰을 소환한다. 기성세대의 억압에 맞서 "나를 딛고 오르라"라고 했던 루쉰의 정신을 통해 오늘날 청년담론의 역사적 기원을 추적한다. 심귀연은 「청년이 아닌 내가 청년을 이야기하기」에서 영화 〈다음 소희〉를 경유하여, 성장과 발전의 논리에서 배제된 여성 청년의 돌봄노동을 조명한다. 그는 기성세대가 청년을 훈계하거나 대상화하는 것을 멈추고, 그들의 목소리에 귀 기울이는 '듣기의 윤리'를 제안한다.

제2부 선택하는 청년: 어디로, 무엇을, 어떻게

2부에서는 생존을 위해 국경을 넘고 도시를 선택하거나, 사회적 단절에 대응하는 청년들의 움직임을 포착한다. 서창배는 「반항적 청년 vs 순종적 청년」에서 한중일 청년들이 사회적 이동이 멈춘

시대에 대응하는 방식을 분석한다. 그는 은둔과 체념(순종)을 넘어, 불공정한 구조에 의문을 제기하는 반항이야말로 건강한 사회를 위한 청년의 권리임을 강조한다. 홍창유는 「도시주의 시선으로 보는 청년도시」에서 열악한 주거환경에도 불구하고 청년들이 서울과 같은 대도시를 떠나지 못하는 이유를 기회비용과 '연결의 욕망'으로 해석하며, 청년에게 도시는 단순한 거주지가 아닌 생존의 무대임을 밝힌다. 이중희는 「항저우는 왜 청년 친화적인가」를 통해 알리바바의 도시 항저우가 제공하는 파격적인 창업지원과 역참(무료숙소) 제도를 소개하며, 탕핑과 네이쥐안에 빠진 중국 청년들에게 도시가 어떻게 희망의 공간이 될 수 있는지 실증적 모델을 제시한다. 손안석은 「일본으로 건너간 중국 청년들」에서 지난 100년간 일본으로 건너간 중국 청년들의 역사를 추적한다. 구국을 위한 유학에서 개인의 행복과 취업을 위한 이민으로 변화해온 이들의 궤적은 동아시아 청년이동의 현주소를 보여준다. 김동규는 「청년의 포텐, 스콰(squat)」에서 소유권 중심의 도시공간에 반기를 든다. 버려진 공간을 점거하여 사용권을 주장하는 스콰 운동을 통해, 청년이 배제된 도시에서 공간정의를 실현하는 급진적 상상력을 펼쳐 보인다.

제3부 감각하는 청년: 욕망과 유희 사이에서

3부에서는 기성세대가 오해하기 쉬운 청년들의 디지털 문화와 내면의 정동을 들여다본다. 이소은은 「도파민 세대라는 오해」에서 청년들의 미디어 이용을 중독이나 문해력 저하로 비판하는 시선에 반박한다. 그는 숏폼과 SNS가 정보 과잉시대를 살아가는 청년들의 새로운 적응방식이자, 느슨하지만 넓은 연대를 가능케 하는 생존전략임을 옹호한다. 박은혜는 「15초의 욕망」에서 중국 숏폼 드라마 열풍을 분석한다. 파편화된 시간 속에서 농촌의 부흥이나 소시민의 애환을 유머러스하게 소비하며 위안을 얻는 중국 청년들의 디지털 생존법을 읽어낸다. 김수현은 「일본영화 속 청년의 정동」에서 〈카메라를 멈추면 안 돼!〉 등의 작품을 통해, 재난과 불안이 일상화된 일본사회를 유희와 놀이의 감각으로 버텨내는 일본 청년 특유의 정동을 포착한다. 하성호는 「덕질과 애국 사이」에서 일본 대중문화를 즐기면서도 역사적 트라우마와 반일감정 사이에서 갈등하는 한국 오타쿠 청년들의 내면을 다룬다. 취향과 민족 정체성 사이에서 끊임없이 줄타기하며 성찰하는 그들의 모습은 동아시아 문화교류의 단면을 보여준다.

제4부 행동하는 청년: 무엇을 꿈꾸는가

4부에서는 연대하고 저항하며 세상을 바꾸려는 청(소)년들의 움직임을 기록한다. 석영미는 「여성청년의 계보」에서 구한말 여권통문부터 최근의 남태령 시위까지, 한국사회 변혁의 순간마다 존재했으나 '청년'이라는 이름에서 지워졌던 여성들의 역사를 복원하여 청년담론의 균형을 맞춘다. 김성민은 두 편의 글을 통해 중화권의 민주주의 투쟁을 조명한다. 「타이완 청년들, 국가와 민주주의를 업데이트하다」에서는 교과서 개정과 디지털 기술을 통해 스스로를 시민으로 재발명한 타이완 청년들을, 「우산과 마스크」에서는 국가보안법 이후 침묵을 강요받았으나 기억투쟁을 통해 홍콩의 정체성을 지키려는 청년들의 슬픔과 희망을 증언한다. 한희진은 「교실 밖으로 나선 아이들」에서 그레타 툰베리 이후 기후위기의 '미래 피해자'가 아닌 지금 현재의 '정치적 주체'로 나선 청소년들을 다룬다. 기후소송을 통해 국가의 책임을 묻고 헌법 불합치 판결을 이끌어낸 이들의 행동은 인류의 미래를 위한 가장 윤리적인 저항이다.

새로운 물결을 기다리며

청년은 미숙한 존재가 아니고, 연민과 보호의 대상도 아니다. 그들은 불안 속에서도 길을 만들고, 닫힌 문을 두드리며, 기성세대의 문법 대신 새로운 감각으로 세상을 다시 쓰는 주체들이다. 그들이 일으키는 작은 물결은 우리네 삶과 동아시아의 사회문화적 지형을 바꾸는 물결이 될 수 있다. 그러므로 이 책을 읽는 것은 다가올 동아시아의 내일을 미리 마주하는 일이기도 하다. 여기 묶인 16편의 글들이 동아시아 청년들을 이해하는 창(窓)이 되기를, 그리고 우리 모두가 '청년'이라는 이름으로 서로의 어려움을 껴안고 손을 맞잡는 계기가 되기를 바란다. 헤쳐나가기 쉽지만은 않은 파고(波高)와 유동의 동아시아 바다에서, 우리는 이제 새로운 항해를 시작하려 한다.

국립부경대학교 인문한국3.0사업단

연구책임자 이보고

차례

청년을 묻다

경계, 역사, 호명

나도 청년이 맞나요?

한국의 청년 논의에서는 유독 당사자라는 단어가 강조되는 경향이 있다. 이는 1980년대 학생운동 맥락에서 동원되었다가 사어에 가까워졌던 '청년'이라는 개념이 다시 소생한 계기 자체가 이른바 '청년당사자운동'의 전술에 있기 때문이기도 하다. 이들은 청년의 일자리, 주거, 교육 등과 관련한 사회 진입, 즉 성인 이행 지연으로 특징지어지는 2000년대 이후 이른바 '청년 문제'의 해답을 당사자인 청년들이 가장 잘 안다고 주장하면서 한국 청년정책의 틀거리를 만드는 데 기여해왔다. 한국의 청년정책은 실제로, 정책의 대상과 방향을 엘리트 관료들이 일방적으로 결정한 것이 아니라 정책의 대상이기도 한 청년들이 스스로 주체가 되어 도입 과정에 적극적으로 참여하였다는 점에서 커다란 의미가 있다. 이는 나아가 현재 한국의 청년정책에서 청년들이 직접 정책 결정 과정에 개입할 수 있도록 하는 참여와 거버넌스의 권리가 주요 사업으로 명시될 수 있도록 하는 기반이 됐다.

이렇게 청년 당사자라는 개념을 강조하는 전략은 의도치 않은 부수적인 효과들을 낳았다. 누가 당사자이고, 누가 당사자가 아닌지를 가르는 일이 중요한 논쟁거리가 되었다는 것이 핵심이다. 2020년 제정된 청년기본법은 '19세에서 34세까지의 사람'을 청년으로 정의하고 있는데, 법에 따르면 19세에서 34세까지의 사람이 청년 문제와 관련한 당사자, 그리고 34세를 초과하거나 19세 미만인 사람이 비당사자로 깔끔하게 나눠지는 듯하다. 그러나 문제는 그렇게 간단하지 않다. 청년 문제에 관한 실질적인 혹은 주관적인 관여도를 함께 생각해 봐야 한다. 19세에서 34세의 청년이더라도 청년문제에 별 관심이 없어서 혹은 청년의제에서 자신이 배제되어 있다고 생각하여 "나도 청년이 맞나요?"라고 질문할 수도 있고, 역으로 35세가 넘은 사람들이 "제가 이제 청년은 아니지만" 혹은 "저는 30년 전에 청년이었지만", "저희 집에 청년이 둘 살고 있는데" 등의 말을 덧붙이며 청년문제에 관여하고자 하는 일도 비일비재하다. 30대 후반도, 심지어 40대도 청년 당사자성이 있다는 주장은 실제 규정의 개정으로도 이어졌다. 현재 모든 광역자치단체의 청년 연령 상한은 39세이거나 더 높게 정해져 있으며, 기초자치단체의 경우 49세까지를 청년 연령 상한으로 변경해 둔 경우도 꽤나 많다.

이 글은 누가 청년이고 청년이 아닌지, 혹은 누가 청년 문제의 당사자이고 누가 그렇지 않은지를 구분하는 문제를 분류 투쟁(classification struggles)의 관점에서 살펴보고자 한다. 이를 위해 사회학자 피에르 부르디외의 분류 투쟁 개념을 간략하게 살펴보고,

이 개념을 바탕으로 '청년 당사자'라는 단어를 우리가 어떻게 이해할 수 있는지 짚어보겠다. 이어, 청년 내의 배제 및 포함의 동학 속에서, 또한 기성세대의 청년 문제에 관한 당사자성을 끌어내는 논의 속에서, "나도 청년이 맞나요?"라는 질문의 정치성을 드러내고 강조할 것이다.

분류 투쟁 개념으로서의 청년 당사자

사회학자 피에르 부르디외는 '분류(classification)'의 문제를 사회과학의 근본적인 작동 원리이자 연구 실천에서의 가장 기본적인 작업이라고 보았다. 사회과학에서 분류는 굉장히 어려운 문제인데, 자연과학에서의 분류와 달리 사회학자는 그가 연구하게 되는 사회적 주체들이 미리 분류되어 있으며, 또 그 자신이 분류를 실천한다는 사실 때문이다. 또한 분류 행위는 지속적인 사회적 상징 투쟁의 과정이기도 하다. 분류 투쟁의 내기물은 사회 세계에 대한 정당한, 공인되고 보편적으로 인정되는 표상의 양식을 만들고 부과하는 것이다. 분류가 상징투쟁과 연결되어 있다는 사실은, 종종 자명한 것으로 여겨지기도 하는 분류체계가 권력의 문제와 무관치 않은 사회적이고 정치적인 산물임을 의미한다.

따라서 부르디외가 제안하는 분류 이론은 사회 속 행위자들의 실천과 투쟁 양상을 함께 고려한다. 객관적인 분류 이론은 객

관적인 분류가 분류 투쟁의 대상이라는 사실, 또한 사회적 행위자들이 일상 활동에서 사용하는 실천적 분류에 대한 이론을 분류 이론에 통합해야만 가능하다. 이를 위해 명명과 분류가 작동하는 사회적 절차와 제도적 조건, 분류체계의 역사를 조사하여야 하는 과제가 사회과학자들에게 주어진다. 사회적으로 공인된 분류 범주가 구성되는 데 있어서, 어떠한 범주화 작업(work of categorization) 혹은 상징 투쟁(symbolic struggles)이 전개되고 있는지를 밝혀내는 일은 중요한 사회과학의 연구 대상이 될 수 있다. 물론, 학자들의 분류 범주를 둘러싼 연구 작업 역시 그 자체가 사회적 범주를 구성하는 데 참여하는 범주화 작업에 해당한다. 이러한 관점을 바탕으로 '청년 당사자'라는 사회적 범주의 역사적 형성을 간단히 검토해 볼 수 있다. 우선 한국에서 청년은 굉장히 특수하게 발달한 범주다. 역사학자 이기훈의 설명에 따르면, 청년(靑年)이라는 범주는 19세기 후반 일본에 들어온 YMCA의 Young Men 개념이 せいねん(세이넨)으로 번역되고, 이것이 다시 한국과 중국으로 흘러들어 옴에 따라 동아시아에 자리 잡게 되었다. 한국에서 청년은 근대로 이행하는 과정에서 새로운 시대를 만들 사회적 주체로 호명되었는데, 1920년대의 근대화 및 민족독립과 관련한 청년운동이나 1970~80년대의 산업화 및 민주화 과정에서의 청년학생운동은 한국의 청년 개념에 독특한 사회운동적 무늬를 새겼다. 한편, 서구에서 발전한 청소년학이 한국에도 도입되면서 청소년에 관한 고유의 지식체계를 형성해 왔다. 청소년학 내부에도

다양한 경향이 있지만, 주류적인 청소년학은 청소년을 보호와 지원이 필요한 사회복지의 대상으로 보는 경향이 있다. 이때, 청년 개념과 청소년 개념은 동일한 영단어인 youth를 공유하는데, 한국의 청년 논의가 곧바로 서구의 youth에 관한 논의와 호환되지 않는 경향이 있는 데는 이러한 이유도 있다. 대표적으로 한국에서 통용되는 청년연령인 19~39세는 외국인의 기준으로 보면 매우 의아할 정도로 높게 설정된 상태일 것이다.

한편 여기에 '당사자'가 더해지면 문제가 더욱 복잡해진다. 본래 당사자는 법률적으로 특정 사건의 이해관계자들을 특정하고 구분하기 위해 사용되는 개념이지만, 특히 동아시아 지역에서는 여성, 장애인, 퀴어, 청년 등과 같은 집단 범주의 정체성과 관련한 사용이 두드러지고 있다. 사실 최근 사용되는 후자의 용례는 일본의 장애 인권 운동으로부터 나왔다. 일본 홋카이도의 정신장애인 자조공동체인 베델의 집(べてるの家)에서 고안된 '당사자(当事者, とうじしゃ, tojisha) 연구'는 정신장애, 발달장애 등 다양한 어려움을 겪는 당사자가 자신의 경험과 증상을 스스로 연구하고 분석하는 연구방법론이자 임상적인 실천 방법이다. 이들이 겪어내는 손상과 아픔의 경험은 그야말로 고유한 것이기 때문에, 일반적인 의학의 연구 결과물로부터도 잘 드러나지 않고 또 그것을 통해 설명되기 어려운 특징이 있다. 즉, 당사자 연구란 일종의 자문화기술지(auto-ethnography) 혹은 자기이론(auto-theory)의 성격을 갖는다.

다만 당사자라는 단어에는 양면성이 있다. 당사자로 스스로를 동원하는 일은 '청년 문제'와 같은 특정 문제에 대한 배타적인 발화의 권리를 설정하는 효과를 갖기도 한다. 긍정적으로 보자면 이러한 당사자주의는 일종의 전략적 본질주의(strategic essentialism), 즉 전복적인 목적에 부합하는 방식으로 정체성 범주에 관한 본질주의를 일시적으로, 정치적으로 사용하는 경우에 해당한다.

그러나 동시에, 당사자는 해당 문제와 개인의 이해관계가 너무 결탁되어 있어 객관적인 판단을 할 수 있는 인식론적 위치에 있지 않다는 시선을 감당해야 하기도 한다. 당사자는 직접적인 이해관계가 있으므로 사실을 가장 많이 잘 알 수 있는 존재이기도 하지만, '객관적으로 볼 수 없는' 이해타산적인 존재로 여겨지기 때문이다. 최근의 청년운동에서는 스스로를 규정하는 방법이기도 했던 '당사자'라는 지위에 발목이 묶이는 사례가 빈번히 나타난다. 길게는 10여 년에 걸쳐 '청년 문제'를 정의하고 해결하기 위해 노력해왔음에도 '전문가'와 구분되는 당사자 주체로 배치되는 수많은 토론회에서의 난감함이 거기에 해당한다.

당사자라는 위치 설정이 취약할 수밖에 없는 본질적 이유는 실제로 그 본질적인 세대성 혹은 청년성이라는 것이 존재하지 않는 무엇이기 때문이다. "청년 문제는 청년이 잘 안다"라고 말할 수 있는 근거는 희박하다. '청년 문제'라는 대상을 연령 기준으로 깔끔하게 정리할 수 없을뿐더러, 말하는 이가 청년에 해당한다 하더라도 그가 볼 수 있는 것은 그가 점유하고 있는 매우 특이한 위치에서의 관점에 불과하다. 청년 문제에 대한 메타적인 관점을 청년 당사자가 자동적으로 소유하게 되지는 않는다. 따라서 당사자를 자임하면서 주장의 정당성을 얻으려는 전략은 권력의 작동에 따라 실패하기 일쑤이며, 청년 문제에 대한 이른바 당사자들의 안정적인 발화를 보장해 주지 않는다. 당사자주의는 권력에 의해 납작하게 재전유되면서 새로운 국면을 만나기도 한다. 이를테면 조직된 청년운동을 건너뛰고 권력이 당사자로부터의 승인을 획득하는 것이 얼마든지 가능해진다.

청년정책 대상이 아닌 나도 청년이 맞나요?

청년정책은 불가피하게 연령이라는 법적 기준을 통해 대상을 설정한다. 이는 행정의 효율성과 정책 집행의 명확성을 위해 피할 수 없는 선택이기도 하다. 그러나 연령 기준은 언제나 그 자체로 충분하지 않다. 청년의 삶이 단일한 이행 경로를 따르지 않게 된 지 오래이며, 동일한 나이에 속해 있더라도 노동시장 진입 여부, 주거 조건, 가족 관계, 자산 수준에 따라 삶의 조건은 극명하게 갈라진다. 그럼에도 청년정책이 나이를 중심으로 구성될수록, 정책의 '대상'으로 호명되는 청년 내부에서는 또 다른 배제와 포함의 역학이 작동하게 된다.

가장 큰 문제는 이 과정에서 청년 집단 내부의 발언권이 고르게 분배되지 않는다는 점이다. 청년정책의 참여 구조와 공론장은 시간적·문화적 자원이 비교적 풍부한 중산층 이상의 청년들, 혹은 평일 낮에 시간을 내는 게 가능한 기업인, 자영업자, 문화예술계 종사자 등 특정 직업의 청년에게 유리하게 작동할 수 있다. 정책 토론회와 같은 공식 창구뿐만 아니라 온라인 커뮤니티 담론 또한 중산층 이상 출신이며 충분한 교육을 통한 문화 자본을 갖춘 청년들에 의해 주도될 가능성이 크다. 이들은 자신의 목소리를 '청년의 목소리'라고 이야기하지만, 실질적으로 청년 전체를 대표할 가능성보다는 자신들 계층 특유의 문제를 청년 문제로 둔갑시킬 가능성이 높다. 그 결과 최근의 청년정책은 불안정 노동, 저임금 문제, 주거 빈곤과 같은 구조적 취약성의 문제보다는 투자, 자산 형성, 내 집 마련과 같은 의제로 점차 이동하고 있다. 이는 청년정책의 외연이 확장된 결과로 볼 수도 있지만, 동시에 청년정책이 애초에 대응하고자 했던 이행의 어려움과 불평등의 문제로부터 초점을 이탈한 결과이기도 하다.

최근 청년정책과 관련한 온라인 담론에서도, 또 청년 연구를 수행하는 내가 직접 경험하는 인터뷰 속에서도 반복적으로 유사한 발화들이 등장한다. 개인소득이나 가구소득 기준 때문에 청년정책의 수혜 대상이 되지 못한 일부 중산층 청년들은 스스로를 "상류층도 하류층도 아닌 낀 집단"으로 규정하며, 이를 '역차별'의 문제로 정의하고 있다. 그러나 이러한 주장은 청년정책의 목적을 고려할 때 설득력을 갖기 어렵다. 청년정책은 모든 청년에게 동일한 혜택을 제공하기 위한 제도가 아니라, 청년 내부의 불평등과 이행 과정에서의 위험을 완화하기 위한 개입이기 때문이다. "나도 청년이 맞나요?"라는 질문이 이러한 맥락에서 동원될 때, 그것은 정책 필요 계층을 실질적으로 배제하는 논리로 작동할 위험을 내포한다. 더 나아가 정책의 도움을 받는 청년들을 자립하지 못한 존재, 사회적 부담으로 상징화하며 혐오와 부채감을 유발하는 효과로까지 이어질 수 있어 위험하다.

그러나 "나도 청년이 맞나요?"라는 질문이 언제나 문제적인 방식으로만 등장하는 것은 아니다. 오히려 이 질문이 반드시 요청되는 순간들도 분명히 존재한다. 대표적인 사례가 탈가정청년이다. 가구소득을 기준으로 정책 대상을 선별하는 현재의 체계에서는, 부모와의 관계가 실질적으로 단절되었음에도 이를 행정적으로 증명할 수 없는 청년들이 정책의 사각지대에 놓이기 쉽다. 이들이 제기하는 자신들을 배제해 온 청년정책에 관한 변화 요구는 자신의 취약성이 제도적으로 가시화되지 않는 현실에 대한 정당한 문제 제기로 보아야 한다. 특히 청년의 독립 이행을 규범화하면서도 청년이 사실상 부모의 경제적 자원을 적극적으로 동원하고 있는 현실에 무력한 청년정책의 상황을 탈가정청년 의제를 통해 재고해 볼 수 있다.

청년정책은 오랫동안 취업률 제고를 핵심 목표로 삼아 왔다. 이로 인해 청년정책의 주요 대상은 자연스럽게 대학생이나 취업 준비생으로 한정되어 왔고, 노동시장에 진입한 이후의 삶은 상대적으로 정책적 관심의 바깥에 놓였다. 그러나 실제로는 많은 사회

초년생 청년들이 저임금·고강도 노동, 불안정한 고용 조건, 과도한 노동시간 속에서 오히려 이전보다 더 큰 어려움을 겪고 있다. 그럼에도 이들은 자신을 청년정책의 적합한 대상이라고 인식하지 못하는 경우가 많다. "청년센터는 대학생들이나 가는 곳 아니냐", "나는 이미 직장인이니 더 이상 청년정책이랑은 상관없다"라는 인식은, 청년정책이 암묵적으로 상정해 온 '정상적인 청년 경로'가 얼마나 협소한지를 보여준다. 실제로는 청년 이행 과정의 가장 취약한 국면을 통과하고 있음에도 불구하고 제도적 지원에서 배제되는 청년들이 "나도 청년이 맞나요?"라는 목소리를 낸다면, 이는 청년정책이 취업 이전과 이후를 인위적으로 분절해 온 방식 자체를 재검토하게 만드는 계기로 기능할 수 있다.

이주민 청년의 사례도 이야기할 수 있다. 한국의 대부분 법이 스스로 포괄하는 대상을 '국민'으로 한정하는 것과 달리, 청년기본법은 예외적으로 19세에서 34세까지의 '사람'을 청년으로 정의하고 있다. 즉, 형식적으로는 국적을 기준으로 한 배제를 포함하지 않는다. 그럼에도 실제 청년정책의 설계와 집행 과정에서 이주민 청년들의 문제는 거의 고려되지 않는다. 이들은 청년정책의 영역이 아니라, 이주민 정책 혹은 다문화 정책의 범주 안에서만 다뤄지며, 그 결과 '청년으로서의 문제'는 보이지 않게 된다. 이러한 분절은 이주민 청년들의 삶의 조건을 왜곡한다. 학업, 노동, 주거, 사회적 고립 등 이주민 청년들이 겪는 어려움은 분명히 청년 이행과 관련된 문제임에도 불구하고, 이들은 한국사회의 청년으로 상상되지 않으며 정책을 통해 또래의 한국 청년들과 분리된다.

40대가 넘어간 나도 청년이 맞나요?

청년 문제에 있어서 기본적으로 18세나 19세부터, 34세나 39세 혹은 49세까지의 청년만이 '청년 당사자'이고 그 이상은 비(非)당사자로 여겨진다. 갓 40대가 된 청년정책 연구자마저 "청년을 지나서 잘 모른다"라는 식으로 겸연쩍게 말하곤 하는 것은 이 때문이다. 그러나 연령이라는 기준만으로 당사자를 특정할 수 있도록 하는 단일한 '청년 문제'라는 것은 과연 존재하는가? 그렇지 않다. 반대로 기성세대는 '청년 문제'의 당사자가 될 수 없는가? 예컨대, 청년실업률 증가를 중요한 청년 문제라고 한다면 세대 간 돌봄 및 소득 이전 등으로 인해 부모세대가, 실업률 관리를 위해 국가가 청년문제의 중요한 이해당사자가 된다. 세대주의(generationalism)는 '청년'을 둘러싼 본질주의적 이해를 지적하고 비판하기 위해 원용할 수 있는 개념이다. 세대주의는 많은 논자들이 세대 범주의 중심성을 주장하는 다양한 방법들을 통해 사회적이고 정치적인 문제들을 세대의 개념으로 풀어 이야기하는 현상을 의미한다.

이러한 세대주의적 구도 속에서 청년 문제는 지나치게 연령 중심으로 구성되어 왔다. 사실 청년정책이 처음 도입되었을 때 그것은 특정 연령대에게 현금을 이전하는 제도가 아니라, 성인 이행이 구조적으로 어려워진 사회 조건에 대한 집단적 대응이었다. 불안정 노동, 주거 불안, 교육과 노동시장의 단절, 가족 배경에 따른 기회의 격차는 청년기라는 생애 단계에 집중적으로 드러나지만, 그 원인과 효과는 특정 연령 집단에만 국한되지 않는다. 그럼에도 청년정책이 도입된 지 10년이 넘은 지금까지도 우리는 여전히 "청년 나이가 몇 살까지인가"라는 질문에 매달려 있다. 이 질문은 이제 문제해결의 출발점이 아니라, 오히려 논의를 정체시키는 장치로 기능하는 실정이다.

이제 40대 이상인 사람들은 "제가 청년은 아닙니다만"이라며 청년문제로부터 한 발 물러나거나, 반대로 "나도 청년이 맞나요?"라는 방식으로 자신을 청년정책의 수혜 대상에 포함시켜 달라고 요구하는 데 그칠 것이 아니라, 청년문제로 정의되어 온 사회적 현실 그 자체에 적극적으로 개입할 필요가 있다. 청년문제는 애초에 '청년만의 문제'가 아니었으며, 지금도 그렇다. 성인 이행의 불안정성이 장기화되는 사회에서 누군가는 40대가 넘어서도 여전히 불안정한 노동과 주거 조건 속에 놓여 있고, 반대로 20대라 하더라도 충분한 가족 배경의 지원을 통해 비교적 안정적인 삶의 궤도에 안착하기도 한다. 이러한 상황에서 청년과 비청년의 경계는 점점 더 무의미해지고 있다.

그렇다면 청년정책은 청년과 청년 아닌 사람 사이에 선을 긋는 방식이 아니라, 청년 내부에서 어떤 불평등과 취약성이 존재하는지를 더욱 정밀하게 가려내는 방향으로 나아가야 한다. 이행 과정에서의 불안정성이 해소되지 않은 40대가 스스로를 청년 문제의 당사자처럼 느끼는 것은 결코 이상한 일이 아니다. 동시에 이미 안정적인 가족을 형성하고 직업적 지위를 확보한 이들이라 하더라도, 오늘날의 청년기 불평등이 사회 전체의 불평등을 심화시키고 있다고 인식한다면, 그들은 청년 문제에 이해관계를 걸고 있는 또 다른 형태의 당사자가 될 수 있다. 이는 청년을 대체하거나 대표하려는 당사자성이 아니라, 청년 문제 해결을 위해 자신의 위치에서 책임을 자임하는 일종의 '앨라이 당사자'의 위치다.

"40대가 넘어간 나도 청년이 맞나요?"라는 질문은 갱신되어야 하고, 계속될 필요가 있다. 청년의 법적 연령 범위를 넓히기 위한 언어로 이 질문은 이제 폐기되어야 한다. 이제 필요한 것은 청년이라는 이름 아래 우리가 함께 한국 사회의 무엇을 해결하고자 하는지, 그리고 그 문제가 지금 어떤 모습으로 지속되고 있는지에 대한 논의다. 청년만 혜택을 받는다는 비아냥이나, 청년이냐 아니냐를 가르는 공방에 머무를 시간이 없다. 청년 문제란 무엇인가, 그 문제를 누구와 함께 어떻게 해결할 것인가에 대한 토론에 더 많은 사람들이 참여해야 할 시점이다. (김선기)

청년 루쉰과 그가 본 '청년'

'청년'이 동아시아에 나타났다

현재 동아시아에 다시 '청년'이 문제가 되고 있다. 동아시아 지역 모두 '무기력'이란 말로 표현될 현상이 청년들에게 나타나면서 그것의 원인과 대책에 대한 연구가 동아시아 각 곳에서 다양하게 전개되고 있다. 그런데 약 150년 전에도 '청년'이 동아시아에 회자되기 시작하여 많은 분야에서 이와 관련된 주장과 논의가 쏟아져 나왔다. 이후 '청년'은 시대의 변화에도 불구하고 계속 논의의 중심에 있어왔다. '청년'은 동아시아 근대의 출발과 함께였으며, 그래서 '청년'은 동아시아 근대에 탄생된 것이라고 할 수 있다. 왜냐하면 그 이전에 '청년'은 존재하지 않았기 때문이다. 그렇기 때문에 '청년'은 동아시아 근대성을 해명하는 중요한 요소의 하나인 셈이다.

동아시아 지역에서는 일본이 '청년' 개념을 가장 먼저 제기하였다. 메이지 초기 지식인(메이로쿠샤, 明六社)들이 창간한 잡지 『메이로쿠잡지(明六雜誌)』(1874~1875)는 서구 윤리 · 교육 · 국가화 이슈를 다수 게재했는데, 그 가운데 '가정 · 국민 도덕' 논의 속에 '청년기 도덕 교육' 담론이 포함되어 있었다. 또 아동문학가 이와야 사자나미(巖谷小波)가 창간한 소년 · 청년 대상 잡지 『소년세계(少年世界)』(1895~1934)는 모험담, 전쟁 영웅담, 도덕적 교양을 담고 있는데, '청년 독자층'의 정체성 형성에 기여하였다.

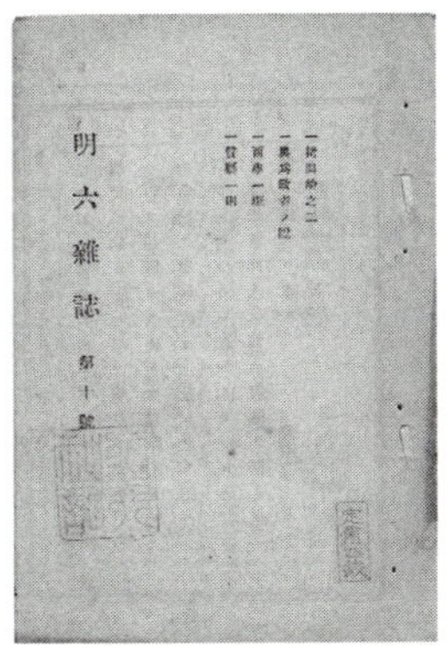

『메이로쿠잡지』

『소년세계』

　　이러한 근대 초기 일본 지식인들의 잡지 발간은 메이지 정부가 국민국가의 주요 동력으로 '청년'을 상정하고, 국민으로서의 청년을 양성하기 위해 소년부터 시작되는 국민교육에 진력했던 것과 궤를 같이한다. 이렇게 발간된 잡지는 국민교육과 함께 일본 내부에 '청년'이 공론화되는 데 큰 기여를 했다. 여기에는 근대적인 출판제도의 성립이 배경이 되었다.

메이지정부에 의해 1872년 학제(學制)가 발표된 뒤 소학교 취학률은 1802년에 92%, 1909년에는 98%에 달했다. 이에 대응해 대량의 소학교 교원이 양성되어 그 수는 1901년에 10만 명을 넘어서 1910년에 15만 명에 달했다. 이들은 중등교육 이상의 교원과 공무원, 학생, 도시 샐러리맨과 함께 독서계층을 형성했다. 새로운 읽을거리와 새로운 독서습관을 몸에 익힌 새로운 독자계층의 전국적 형성과 메이지 20년 전후에 정비되기 시작한 전국적 서적 취급 점포망과 우편제도의 발달은 전국 규모의 도서시장을 만들었다. 시장의 수요에 부응하는 신작을 출판하는 저자도 탄생하고, 이렇게 하여 '저자-출판사-독자'라는 관계가 독서시장에 성립하였다. 이처럼 활자미디어의 활황은 청일전쟁 뒤의 도쿄에서 직업적인 문학가를 탄생시키게 되었다.

청년 루쉰의 일본 경험

청정부는 최초의 해외유학자 용굉(容閎)의 건의를 받아들여 1872년부터 1876년 사이에 120명의 소년을 미국에 파견하고, 같은 시기에 육해군학생을 유럽으로 파견한 이후 약 20년간 해외유학을 중지했다. 다시 근대화의 인재육성을 위한 해외유학이 재개된 것은 청일전쟁 이후이고, 파견도 구미가 아니라 일본으로 변화했다. 1896년에 13명의 관비유학생이 파견되었다. 루쉰(魯迅) 역시

1902년 4월 4일 요코하마에 도착하여 1909년 8월 귀국하기까지 7년 반 동안 일본에서 유학했다. 당시 나이 20~28세의 다감한 청춘기(청년)였다.

소위 청년 루쉰은 일본 도쿄에서 어떤 경험과 생각을 했을까? 루쉰의 원형이 탄생되는 시간이다. 당시 젊은 중국유학생들은 모두 위기에 빠진 국가와 민족의 구원에 대한 생각을 갖고 있었는데, 이것은 국가와 민족이 '청년'을 호명하고 있었던 것이다. 당시 도쿄시의 인구는 약 162만 명(1907)이고, 이 시기에 '문학'이란 제도가 새롭게 발흥하고 있었다. 루쉰이 일본유학을 하던 시기에 도쿄는 교통 통신의 혁명적 발전으로 시간과 공간이 한층 균일화되고, 정보가 전국을 단시간에 퍼지기 시작했다. 그리고 정보의 발신과 수신도 교육제도와 활자미디어의 급진전에 의해 성황을 이루고 있었다.

일본 유학시절 루쉰은 근대화에 따른 도쿄의 지식 및 출판계의 동향을 목격하고, 자신의 진로에 영향을 받았다고 할 수 있다. 그것이 『신생(新生)』의 창간, 『하남(河南)』 등 잡지 기고, 해외소설의 번역 등으로 현상했던 것이다. 구국의 열정으로 들끓던 청년 루쉰이 자신의 소리를 들려주고 다른 청년들이 호응해주기를 바라면서 사용했던 방식이 바로 신문과 잡지 기고 또 새로운 잡지 창간 및 출판이란 곧 미디어를 활용하는 것이었다. 비록 그것은 실패로 끝나고 말았지만 말이다. 사실 루쉰은 이 시기 발표한 글에서 많지 않지만, '청년'이란 용어를 사용하고 있다.

"앞의 두 가지(공업과 상업/입헌과 국회 주장)는 본래 중국 청년들 사이에서 중시되고 있기 때문에 굳이 주장하지 않더라도 그에 종사하는 사람들은 앞으로 헤아릴 수 없이 많을 것이다." "그런데 오늘날 불현듯이 변혁을 생각한 지는 이미 많은 세월이 지났지만, 청년들이 사유하고 있는 것을 보면, 대개가 옛날의 문물에게 죄악을 덮어씌우고 심지어는 중국의 말과 글이 야만스럽다고 배척하거나 중국의 사상이 조잡하다고 경멸한다. 이러한 풍조가 왕성하게 일어나 청년들은 허둥대며 서구의 문물을 들여와 그것을 대체하려고 하는데, 앞서 언급한 19세기 말의 사조에 대해서는 조금도 주의를 기울이지 않는다."(이상 「문화편지론」, 1908)

이 인용문에서 청년은 중국 청년을 대상으로 하고 있는데, 당시 자신들 또래에 대한 청년 루쉰의 시선은 대체로 부정적이다. 그것은 깊이 생각하지 않고, 시류에 편승하거나 개인적인 이익만을 숭상하는 당시 중국 청년들의 풍조를 비판한 것이다.

결국 루쉰을 비롯한 중국 및 조선 지식인들이 일본유학을 했던 1900년대는 일본에서 '청년'이 보편적인 근대어로서 널리 사용되고 있었을 뿐만 아니라, 정치, 교육사회, 문화언어 방면에서 다양하게 조망되고 있어서 유학생들이 쉽게 접할 수 있었다는 사실을 추측할 수 있다.

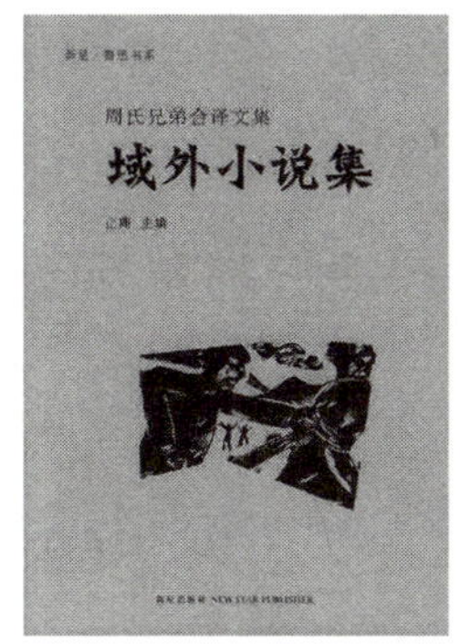

일본유학 시절의 루쉰 루쉰이 번역한『역외소설집』(1909)

장년 루쉰의 '청년'에 대한 시각

근대 중국에서 '청년' 개념은 역사적으로 소년, 오사(五四)청년, 혁명청년, 자유청년으로 변모했다. 곧 전통 중국에서 '청년'이라는 사회적 개념이 존재하지 않았던 상황에서, 근대적 국가형성과 교육제도의 변화에 따라 '청년'이라는 사회적 역할이 생성, 강화, 해체되어왔던 것이다. 20세기 초 중국의 근대화 과정에서 '청년'이라는 개념은 전례 없는 방식으로 사회적 주체로 자리 잡기 시작했다. 이는 단순히 서구적 근대 문명의 수입과 모방이 아닌, 전통 질서에 대한 도전과 변혁의 욕망에서 비롯된 것이었다. 1915년에 창간된 『신청년(新靑年)』이라는 잡지는 이러한 청년 담론을 구성하는 데 있어 중요한 플랫폼이자, 새로운 주체 형성의 장이었다. 소위 오사청년의 탄생에 기여한 것이다.

　다시 말해, 근대 중국에서 '청년'을 담론의 영역으로 끌어올리는데 가장 큰 공헌을 한 것은 『신청년』이란 잡지다. 천두슈(陳獨秀)에 의해 1915년에 창간된 이 잡지는 제목에서 알 수 있듯이, 중국의 미래를 담당할 새로운 세대 곧 '청년'을 불러내었다. 이것은 천두슈가 1903~1904년에 당시 다른 유학생조직과 마찬가지로 서구의 새로운 지식을 배우고 현실개조에 적극적으로 행동하는 '청년'의 모습을 그렸던 데서 기인했다. 그는 잡지의 독자층으로 바로 이 청년들을 상정했던 것이다. 그런 점에서 『신청년』은 단순한 잡지가 아니라, 그 자체로 하나의 '운동의 장'이었다. 『신청년』은 정치, 철학, 문학, 여성, 종교, 언어 등 다방면의 담론을 포함하고 있었으며, 민주·과학·민족·계몽·평등·개인·국가 등 다양한 개념이 동시다발적으로 실험되던 공간이었다. 이를 통해 근대적 의미의 공공성과 담론장이 창출되었고, 청년들이 새로운 주체로 구성되는 문화 정치의 실험장이 되었다.

　이것이 가능할 수 있었던 외적 조건은 일본유학 시절 루쉰이 경험한 도쿄와 같이 문화성 베이징이란 도시의 변화였다. 문화성(文化城) 베이징을 지탱했던 것은 대학, 전문학교의 교사와 학생의 신흥지식계급이었다. 그리고 베이징대학이 베이징 및 전국의 고등교육기관의 정점이 되었다. 베이징대학이 상징하는 의미는 컸다. 이미 1919년 즈음에 고등교육기관이 국립 19개교, 사립 6개교가 있었고, 학생수는 1만 2천 명에 달했는데, 전국 전문학교 학생수의 40% 이상을 점했다. 이 가운데 베이징대학 학생수는 1922년에

약 2,300명까지 늘었다고 한다.

바로 이 베이징대학에 1917년에 문과대학장으로 부임한 천두슈는, 신문화의 총본산인 베이징대학에 모인 청말 서구식 교육제도와 일본과 미국의 유학제도에 의해 육성된 20대 말부터 30대의 젊은 지식인들과 함께 자신이 발행하던『신청년』을 통해서 10대부터 20대의 젊은 세대를 계몽하는 데 힘을 쏟았다. 루쉰 역시 이 가운데 한 사람이었다.

루쉰이 장년이 된 1910년 후반 이후가 되면 출판시장의 성립과 독자계층의 등장 등 활자미디어의 근대화가 중국에서도 진행되었고, 이로 인해 대중을 향한 루쉰의 본격적인 글쓰기가 재차 시도되었다.『신청년』1918년 5월호에 발표한「광인일기」는 그런 면에서 상징적인 텍스트다. 1902년부터 1918년에 이르는 약 16년 간의 청년 루쉰의 열정과 고뇌가 고스란히 담긴 첫 발언이기 때문이다. 38세 장년기에 들어선 루쉰이 청년기 자신의 모습을 회고하면서 당시 청년들에게 들려주는 얘기들인 것이다. 다른 말로 하면 청년 루쉰의 꿈을 다시 구현하려고 한 것이지만, 이미 시대가 달라졌고, 루쉰 자신도 이제 청년이 아니었다.

『신청년』과 루쉰

천두슈는 창간사「청년에게 고함(敬告靑年)」에서 전통과 구습을 거부하고, 청년을 통해 사회 전반의 혁신을 도모할 것을 주장했다. 그래서 '청년'은 단지 '젊은이'의 개념이 아니라, 민족의 미래를 짊어진 주체, 도덕적·정치적 재건의 원동력으로서 등장했다. 이는 신문화운동 및 5·4운동(1919년)으로 이어져 정치적 청년상으로 확장되었다. 아울러 『신청년』은 단지 문장을 쓰는 공간이 아니라, 서구적 개념어(민주, 과학, 자유, 평등 등)를 수용·번역·정착시키는 매체적 장(場)의 역할을 했다. 그래서 이 잡지는 '중국어로 표현된 근대 사유'를 생성해냈고, 그 안에서 '청년'은 다중적인 의미를 획득하였다.

또 『신청년』은 '청년'이라는 주체를 사회적으로 구성하고, 그들에게 시대적 사명을 부여하는 담론을 만들어 냈는데, 다음과 같은 전략을 사용했다. 첫째, 청년을 국가·민족 개조의 동력으로 설정하고, '구세대'와의 대립을 통해 '청년성'(젊음, 과학, 진보, 개인주의 등)을 강조했다. 둘째, 자유·평등·민주주의 등 서구적 가치의 수용자 및 실천자로 청년을 부각시켰다. 이렇게 '청년'이라는 개념은 추상적 이념이나 생물학적 연령이 아닌, 정신적·사회적 정체성으로 정의되었다. 그리고 『신청년』이 루쉰, 천두슈 등 지식인 담론을 통해 청년을 이념적으로 '호명'했고, 또 단순한 독자 대상이 아니라, 사명을 부여받고 책임을 짊어진 역사적 주체로 구성했다. 『신청년』은 청년 독자들에게 '청년이란 무엇인가'라는 물음에 대한 시대적 응답이자 자기인식의 틀을 제공했고, 이는 이후 중국 청년 운동의 이념적 기초가 되었다.

그리고 『신청년』은 매체 전략에 있어서도 주목할 만한 특징을 지녔다. 그것은 연재 기획, 독자 투고, 번역 글 등을 통해 다양한 담론과 담론 주체를 참여시키는 방식으로 '청년'이라는 범주를 호명하고 사회적으로 확산시키는 기능을 수행했다. 이를 통해 '청년'은 더 이상 단지 생물학적 연령대의 표지가 아니라, 시대정신의 상징적 정체성으로 자리매김되었다. 곧 『신청년』은 초기 중국 사회에서 '청년'이라는 존재를 처음으로 담론의 장으로 불러내고(호명), 이들에게 일정한 시대적 사명을 부여하는 담론을 형성했던 것이다. 여기서 '청년'이라는 개념은 단일한 존재가 아니라 역사적, 담론적, 정치적 구성물이었다. 논쟁과 이견이 허용되며, 여러 사상 조류(자유주의, 무정부주의, 공산주의 등)가 공존했다. 청년과 국가, 사회, 가족, 종교 등의 관계 설정이 서로 다른 방식으로 시도되었다. 처음 '청년' 개념은 계몽의 대상이었지만, 점차 '청년'은 계몽과 혁명을 수행하는 사상과 실천의 주체로 전환하였다.

이러한 설명을 통해 보면 결국 1920년대 중국 '청년'이라는 개념은 단순히 시대의 요청에 의해 호명된 존재가 아니라, 매체의 구체적인 실천을 통해 점진적으로 '창조'되어온 존재이다. 이러한 청년 정체성 구성의 매체 메커니즘은 다음과 같은 두 측면에서 작동했는데, '청년'이라는 개념은 '기대'와 '숭배'라는 긴장 속에서, 세대·개인·잡지 간의 상호작용을 통해 활발한 담론적, 상징적, 실천적 생산을 낳았다. 이를 통해 '청년은 무엇인가'라는 시대적 질문에 응답하였다.

구체적으로 첫째, '세대 간의 기대와 숭배: 청년상(像)의 이상화'이다. 『신청년』은 청년을 '사상적으로 각성한 새로운 세대'로 이상화하면서, 기존 세대와는 단절된 주체로 설정하였다. 이는 단순한 생물학적 나이의 차이를 넘어서, 정신적·이념적 '세대'의 구성이었다. 예를 들어, 『신청년』의 초기 글에서는 "우리 시대의 청년은 과거 세대와 달리, 진보적이고 합리적이며 과학적 사고를 갖췄다"라는 식의 수사가 반복된다. 이로써 청년은 미래를 향해 나아가는 이상적 존재로 호명되었으며, 청년에게 기대를 거는 동시에, 그들에게 '숭배'를 요구하는 이중적 구조가 형성되었다. 이러한 이상화는 곧 사회적 압박과 자기 검열로도 연결되었다. 청년은 단지 존재하는 것이 아니라, '되어야만 하는 청년'의 모습을 부여받았기 때문이다.

둘째, '인간 간의 상호작용: 편집자와 독자 간의 '동원' 관계'이다. 『신청년』은 편집자와 필자, 독자 사이의 인터랙티브한 관계를 적극적으로 활용했다. 『신청년』은 자유 기고와 독자 투고를 장려했고, 이때 독자는 단순한 수용자가 아니라 사고하고 토론하고, 더 나아가 실천하는 주체로 훈육되었다. 이러한 관계는 '읽기'와 '행동'이 연동되는 매체적 관계망을 형성하며, 청년이라는 사회적 집단의 자기 인식과 외부 재현 사이를 매개했다.

이처럼 청년은 단지 이념의 전달 대상이 아닌, 매체를 통해 구성되고 재생산되는 적극적인 주체로서, 잡지라는 장(場)을 통해 이념적 주체이자 사회적 행위자로서 등장한다. 매체 실천은 단지 정보 전달을 넘어, 청년 정체성의 구성, 확산, 동원의 핵심 메커니즘이 된다는 점에서, 종래의 이념 중심 서사에 실천적이고 제도적인 분석 관점을 보충한다. 곧 현대 청년 연구는 역사적 맥락으로 돌아가야 하며, 정체성 구축과 사회 동원에서의 미디어의 기술 논리와 작용 메커니즘을 깊이 분석해야 한다. 청년이 '창조'되는 역사적 과정을 명확히 해야만 역사적 행동가로서의 능동성과 오늘날 사회 구조에서의 위치 및 잠재력을 더욱 포괄적으로 이해할 수 있다.

『신청년』

천두슈

이러한 『신청년』의 청년 담론 형성과 관련된 매체 전략은, 루쉰이 일본유학 시절 인상적으로 받아들이고, 그것에서 자신의 '의학에서 문학으로'의 전환을 결정한 기반인 바로 독서사회 곧 정보의 유통과 그것을 담당하는 매체였던 점을 설명해준다. 약 16년 뒤인 오사 시기에 루쉰은 베이징에서 자신의 꿈이 실현될 수 있는 가능성을 보았고, 그 대상은 베이징대학을 비롯한 많은 지식청년들이었다. 그들에게 자신의 잊어버린 하지만 결코 포기하지 않은 희망을 『신청년』과 함께 갖게 되었고, 그것이 「광인일기」를 비롯한 글쓰기로 나타났던 것이다.

'청년'이 동아시아를 배회하다

루쉰은 평생 청년에 대한 무한한 애정과 지지를 보냈다. 그것은 그의 많은 글에서 확인할 수 있다. 물론 1920년대 중반 마르크스주의 이론으로 무장한 극렬 좌파청년들과 설전을 벌이기도 했지만 말이다. 그는 청년들을 위해서라면 기꺼이 자신이 그들의 소가 되겠다고 했다. 그래서 자신을 '역사적 중간물'이라고 했으며, 자신의 모든 글은 사라져야 할 거라고 서슴없이 말했다. 자신이 청년(후대)의 미래를 방해하는 사람이 되어서는 안 된다는 생각이었다. 이러한 루쉰의 생각은 지금의 동아시아 청년들 앞에서도 변하지 않을 것이다. 루쉰은 현재의 청년 문제를 기성세대와 사회에서 원인을 찾았을 것이다. 루쉰은 일생 자신을 비롯한 기성세대에게 비판의 화살을 날렸기 때문이다. 그리고 청년을 다시 환기시킬 것이다.

서두에서도 말했지만, 현재 청년은 각 국가마다 무기력으로 자신의 존재를 드러내고 있다. 다시 말해 무기력을 자신의 행위로 삼고 있는 것이다. 사람들은 이런 현상이 나타난 것을 '신자유주의와 저성장의 구조적 요인'에 기인한다고 말한다. 하지만 탈성장 시대의 청년문제는, 탈성장을 벗어나는 것에 초점을 맞추고 청년정책을 실행하는 것에서 해결책을 찾을 수 없다. 이렇게 되면 청년은 보호의 대상으로 전락하여 자기 정체성과 주체성을 상실하게 될 것이다.

이것을 루쉰의 입장에서 말한다면, 청년이 문제이기도 하지만, 결국은 기성세대의 문제이자 사회 전체의 문제라고 봐야 한다. 그런데 기성세대는 이런 청년에 대해 안타까워하면서 '라떼'를 외치며 '청년'에게 문제가 있다고 말한다. 다시 '꼰대(?)' 루쉰이 애정어린 마음을 품고 청년의 입장에 서서 그들을 깊이 이해하고 자신의 세대가 지닌 구태를 신랄하게 비판했던 정신을 배워야 한다. 그리고 장년층들이 주도한

천 사람의 비난에는 눈썹을 치켜세워 차갑게 맞서고, 아이들을 위해서는 기꺼이 소처럼 머리 숙인다(橫眉冷對千夫指, 俯首甘爲孺子牛)
_루쉰, 「자조(自嘲)」 중에서

『신청년』이 '청년'을 그 시대의 주체로 불러냈던 방식을 다시 고민해야 한다. 그리하여 새로운 주체로서 청년을 정립해야 한다. 그러기 위해서는 먼저 '청년'을 깊이 이해하는 노력이 선행되어야 하겠다. (서광덕)

| 청년이 아닌 내가 청년을 이야기하기 |

마음은 청년이다! 하지만 이런 말을 한다고 해서 나를 청년이라고 말해줄 사람은 없을 것이다. 그래서 청년 아닌 내가 청년에 대해 말한다는 것은 매우 조심스럽다. 그럼에도 조금 욕심을 부린다면, 청년들과 나의 접점이 조금이라도 있길 바라본다. 이 글은 여성-청년에 대한 이야기다. 그나마 다행이지 않은가! 나는 우리 사회에서 '여성'이라는 범주에 속하고 있으니.

이 글에서 나는 '여성' 청년에 대해 쓸 것이지만, '청년' 담론을 살펴보는 것에서 이야기를 시작하려 한다. 청년은 '미래 그 자체'였다. 그러나 우리 청년들은 자신들에게 미래가 없다고 생각한다. 미래가 없다고 불안해하는 청년들에게 우리는 도대체 어떤 의무와 무게를 지우고 있는 것일까? 젊음이 무기였던 시절은 이미 지나갔고, 청년실업률은 갈수록 심각해지고 있다. 당연히 정규직 취업은 하늘의 별따기다. 불안정한 취업과 경제적 어려움, 주거문제, 미래에 대한 불확실성, 정신건강과 사회적 고립, 사회적 불평등과 차별문제가 곳곳에 팽배해 있다. 높은 집값은 둘째로 치더라도 전

세사기는 이제 막 사회에 발을 딛고자 하는 청년들의 디딤돌마저 걷어차버리는 악덕이다. 자아실현과 가치관의 갈등, 사회적 기대와 자신만의 삶의 선택, 행복 추구는 어른이 된다는 미명 아래 삭제된다. 도대체, 어떻게 살아가라는 것인가?

청년 문제는 현대 사회가 해결해야 하는 시급한 문제임에 틀림없다. 그러나 우리가 간과해서는 안 되는 것은 여성 청년이 당면한 문제다. 여성 청년은 노동시장 내에서의 성폭력을 비롯한 성차별의 피해에 직면해 있기 때문이다. 또한 여성 청년은 가정 안에서의 돌봄문제라는 이중부담에서 자유롭지 못하다. 따라서 나는 청년이라는 보편적 문제를 다루면서도 그 안에 포섭되지 않은 여성청년들의 문제를 놓치지 않으려 한다.

청년은 어떻게 청년이 되는가?

청년은 존재한다. 하지만 누가 청년인 걸까? 20대? 30대? 모호한 개념이다. 분명한 것은 청년세대담론이 청년을 사회적 혹은 정치적 주체로 만들지 못하는 이유는 아무래도 '청년세대'라는 기표가 연상시키는 '나이' 때문일 거다. 한국사회에서는 첫 대면에서 습관적으로 나이를 묻는다. 그리고 형과 아우, 언니와 동생 등의 관계를 만든다. 아무래도 가족 같은 분위기를 조성함으로써 친밀감을 유도하려는 이유일 것이다. 하지만 가족이 아니면서 가족관계를 만들겠다는 것은 서열을 공적 관계가 아닌 나이를 기준으로 서열화하겠다는 의도도 깔려 있다.

'나이가 깡패'라는 말이 있다. 이 말은 젊음이 무엇보다 '최고'임을 가리키는 말이다. 그러나 나는 이 말에서 젊음의 주체적인 힘을 상상하기는 어렵다. 오히려 '어린 나이'에 대한 폄하가 은밀하게 감춰져 있음을 느낀다. 반면 '나이가 계급'이라는 말도 있다. 이는 나이가 많다는 이유로 힘을 가질 수 있는 상황을 의미한다. 이와 관련하여 '계급장을 떼고 말하자'라는 말도 있다. 나이가 계급이니, 나이 상관없이 동등한 입장에서 이야기를 나눠보자는 의미이다. 이 말들에서 '나이'로 평가되는 사회 문화적 관습이 우리 사회에 얼마나 깊이 박혀 있는지 알 수 있다.

우리 사회는 나이의 많고 적음으로 서열 짓는 것에 머물지 않고, '너무 많은 나이' 혹은 '너무 적은 나이'를 구분해놓고 그것에 부정적인 시선을 놓는다. 아마도 그런 시선은 자본주의의 체제와 연관하여 그들의 생산능력과 경제적 상황에 따른 가치평가를 하기 때문일 것이다. 더 이상 어린 청년도 아니며, 생산능력에 떨어지는 노년층도 아닌 장년층은 생산능력이 가장 활발한 때를 이른다. 하지만 이들은 자신들의 지나버린 '시절'을 그리워하는 대신, 어쩌면 그 시절을 누리는 청년들을 질투하는지도 모르겠다.

너무 어리지 않아 무한한 가능성을 가진 청년들은 기성세대가 속한 사회적 제약에서도 자유롭다. 그들은 책임져야 할 가정이나, 효도에 대한 의무도 그리 무겁지 않다. 그래서일까, 장년층은 그러한 청년에게 과도한 기대와 동시에 우려를 표한다. 이는 질투일까, 걱정인 것일까? 그도 아니면 지나가버린 과거에 대한 아쉬움 혹은 미련인 것일까?

우리는 '마음은 청춘'이라는 말을 쓴다. 푸르른 봄날을 의미한다. 그러니까 여전히 청년이라는 뜻이며, 어려서 미숙하지 않으며, 늙어서 지치지도 않은 상태를 말할 것이다. 푸를 청, 이 말은 이제 막 싹이 돋은 여린 잎도, 낙엽으로 물들기 시작한 나뭇잎도 아닌 어느 쪽에도 치우치지 않은 가장 아름다운 상태일 거다. 게다가 그 아름다움의 이름, 청년은 저항의 이미지 혹은 미래 사회를 이끄는 주역이라는 이미지를 품고 있다. 하지만 사실, 명명된다는 것은 특정 대상에게 의미가 부여된다는 것이고, 이로써 그 존재를 인정받는다는 의미일 수도 있겠지만 한편으로 기성세대들이 청년에게 '요구'되는 이미지이기도 하다. 달리 말하자면, 요구되고 그렇게 호명된다는 자체만으로도 이미 청년은 대상화되었다는 의미이기도 하다. 청년의 상징이라 이름지어졌던 '저항' 정신을 청년의 고유한 특성이라고 한다면, 그 저항은 변신하는 힘으로 이해되어야 한다. 그러나 청년에 대한 이러한 인식은 아이러니하게도 청년을 사회적 정치적 주체로 만들지 못하는 상황을 야기한다.

청년들을 향해 저항정신을 요구하거나, 그들에게 미래의 희망이라는 프레임을 씌우는 것은 기성세대의 청년세대들에 대한 폭력으로 작동할 수 있다. 만일 기성세대의 요구에 답하지 못하는 청년은 게으르거나 청년답지 못하다는 날카로운 시선 아래에 있어야 하기 때문이다. 즉 기성세대는 청년들 앞에서 우월한 위치를 장악하며, 훈계 준비를 늘 항상 하고 있다. 청년들을 향한, '젊음'과 '어린 나이'는 기성세대들에게 부러움 자체이면서도 미숙함 그 자체를 의미하기도 하다. 그러니 '어린 나이'가 다른 모든 것을 이길 수 있다는 말은 얼마나 허상인가? 어떤 경우에도 청년들의 힘을 인정하지 않는다는 말과 같다.

청년들의 저항하는 정신 또한 기성세대의 요구에 응답하는 목소리라면, 청년들은 어떻게 스스로 말하기를 실현할 수 있을까? 청년담론에서 나타나는바, 청년은 주체로서 자기 정체성을 획득하는 것 같지만, 실제로 그 청년다움은 호명된 청년다움이라는 것을 확인하게 된다. 즉 청년은 기성세대와의 관계에서 기성세대에 의해 끊임없이 규정되는 그런 그런 존재로 영원히 밀려나게 된다. 도대체 청년다움이란 무엇인가?

젊기 때문에 할 수 있는 청년다움에 대한 기성세대의 우려의 저변에는 청년이 여전히 미성숙한 존재라는 편견을 가지고 있기 때문이다. 청년의 젊음에는 욕망과 광기로 가득하지만, 그 욕망과 광기를 통제할 만한 성숙한 이성을 갖추기에는 아직 무리라는 생각이 저변에 깔려 있다. 그래서 기성세대는 훈계를 포기하지 않는다. 그러니 청년이 주체적 존재로 세계를 방향 잡아가고자 한다면, 자신의 욕망을 잘 드러내는 습관을 기를 필요가 있다. 동시에 기성세대와 대립하려는 욕구를 버리는 것도 한 방법이다. 이 말은 청년들을 향한 기성세대의 무수한 평가들에 무심해질 필요가 있다는 말이다. 사회가 요구하거나 규정하는 청년패러다임에 갇히지 않을 때 청년은 비로소 청년이 될 수 있다.

신세대를 향한 기성세대의 평가에는 자본에 종속된 욕망하는 존재라는 프레임도 있다. 욕망은 통제되어야 하는 것인가? 통제되어야 하는 이유는 무엇인가? 욕망없는 존재들을 살아있다고 말할 수 있는가? 욕망을 통제하는 청년은 주체적인 존재일 수 있는가? 욕망의 주체로 자신의 삶을 만들어나가는 것은 주체적 삶이 아닌가? 청년의 문제를 성장과 발전이라는 신자유주의적 시스템에서 바라보게 된다면, 청년은 보호와 복지의 대상으로 전락하게 되면서, 청년은 능동적인 자기 주체성을 정립해나가기가 어려울 것이다.

주체성을 가진다는 것은 스스로의 행위능력을 긍정적으로 이해한다는 것을 의미한다. 청년의 문제는 기성세대의 책임 아래 두어서는 청년문제를 해소할 수 없다. 물론 사회구조적 시스템의 불균형은 기성세대의 책임인 것만은 분명하다. 그러므로 기성세대가 해야 할 문제는 이러한 사회구조적 시스템에 저항하는 청년의 목소리에 응답하는 일이지, 그 목소리의 방향을 잡아줄 역할의 자리에 자신을 두어서는 안 된다. 다시 말해 청년의 문제는 당사자성의 관점에서 해결되어야 하며, 그럴 때 청년은 청년으로서 자신의 자리를 찾을 수 있다. 탈성장시대의 청년문제는 성장과 발전이라는 패러다임 밖에서 그 해결점을 찾아야 한다.

청년에 대해 기대하지 말자. 그것은 포기를 한다는 의미가 아니다. 청년들이 무엇을 원하는지, 그들이 행위성에 집중하는 것이 우선되어야 한다는 의미다. 청년에 대한 기대는 청년 당사자들에게 버거운 족쇄가 된다. 무언가를 기대한다는 것은 한 존재의 가치를 인정한다는 말이지만, 아이러니하게도 그 기대가 족쇄로 작용할 때, '기대'라는 말을 조용히 반납하고 싶어질지도 모르겠다. 우리는 자신의 희망하는 삶을 타인에게 전가하여 그것을 '기대'라는 말로 포장해서는 안 될 것이다. 좋은 삶이란 끊임없이 생성변화하는 삶이며, 그 변화의 방향을 그 누구도 제한해서는 안 된다.

우리는 모두 그 애를 만난 적이 있다고?

영화 〈다음 소희〉를 봤다. 이 영화는 2017년에 벌어진 전주에 있는 콜센터 현장의 실습생 사망사건을 토대로 만들어졌다. 청소년도 성인도 아닌, 청년 소희. 그러나 여기서도 미처 전면에 드러나지 못한 것은 여학생 소희였다. 소희는 열악한 노동환경에서 어떤 보호도 받지 못하는 직업계 고등학생이다. 영화 〈다음 소희〉에서는 여성 청년의 문제는 부각되지 않는다. 소희는 커피를 타지도 않았고, 아침에 남자직원보다 먼저 와서 청소를 하지도 않았다. 직장 내에서의 성희롱과 같은 문제도 없었다. 하지만 〈다음 소희〉은 앞으로 계속 일어날 일, 그렇게 비극적으로 삶을 마감할지도 모를 청년들이 있음을 보여주는 것으로 그 소임을 다한다. 만일 이 영화가 청년여성의 저항에 집중했다면 이 영화는 청년의 문제와 불평등한 사회구조보다는 '여성'의 문제로만 축소되었을지도 모른다. 이처럼 여성 청년의 문제는 보편적 청년문제로 간주되지 않았기에 항상 보류된 채 잊혀 가기 일쑤다.

청년이 생산노동과 관련한 사회적 불평등의 문제가 주로 다루어진다면, 여성 청년에게는 돌봄노동과 관련한 재생산 노동이 추가된다. 돌봄 노동 자체가 폄하된 적은 없다. 그것은 희생이데올로기 안에서 칭송되어왔다. 즉 돌봄 노동은 삶의 가장 중요한 영역에 속하지만, 그 영역은 드러나지 않을 때, 높은 가치평가를 받는다는 기괴한 관념이 문제다.

돌봄이 폄하되지 않고 감춰지고 있다는 점이 더 큰 문제이다. 영화 속 소희는 희망을 잃고 물에 몸을 던졌지만, 그 소희는 앞으로도 계속 등장할 것이다. 우리 사회는 그러한 소희의 죽음에 대해 '어쩔 수 없다'라는 말만 되뇌이고 있다. 그런데 이 영화에서조차 감춰지고 있는 돌봄 노동의 문제는 어떻게 가시화할 수 있을까?

반드시 해야 하지만, 중요하지 않다고 여겨지는 일이 돌봄이다. 그러니 돌봄은 특정 젠더의 영역이 아닌 상호돌봄 혹은 보편돌봄으로 확장되어야 한다. 그럴 때 돌봄노동은 가시화될 수 있다. 청년노동은 '젊어서 고생은 사서도 한다'라는 말에 가려져 스스로 착취되고 있음을 자각하지 못한다. 여성청년의 돌봄노동은 산소처럼 너무도 당연한 것이어서 거론조차 되지 않는다. 콜센터 실습생이었던 '소희'에게도 젠더문제는 드러나지 않고 있다. 콜센터 실습생들 전부가 여성이었기 때문일까? 그래서 커피심부름을 해야 할 대상이 없어서일까? 팀장을 제외한 직원들은 자본 앞에 착취당하는 힘없는 청년이고, 미래의 주역이 되기 위해 견뎌야 하는 젊은이들이었다. 그런데 왜 또, 하필 콜센터에는 여직원들만 있는 것일까? 왜 그들에게는 감정노동을 견뎌내야 하는 운명을 감내해야 하는 것일까? 수없이 많은 질문들이 쏟아져 나오지만, 그 질문들을 내뱉기가 어려웠다. 왜냐하면 더 큰 문제 앞에 돌봄 노동은 나중의 문제라는 우리사회의 암묵적 강요가 내 입을 틀어막았기 때문이다.

코로나 이후 거리두기로 인해 재택근무가 시행되었고, 돌봄노동문제는 가시화되기 시작했다. 여성에게 집은 안전지대가 아닌, 강도 높은 노동의 장이 되었다. 이 문제는 자본주의 생산시스템 안에서는 결코 해결될 수 없다. 탈성장시대는 퇴보의 시간이 아니다. 오히려 탈성장 논의는 생산시스템의 문제를 새로운 시스템으로 이행하게끔 하는 계기가 될 것이다. 생산시스템은 라투르가 말했듯이 파괴체계와 다르지 않다. 청년 문제는 희생이데올로기를 거부하고 모두가 공생할 수 있는 생성시스템으로 이행할 때 비로소 해결될 수 있다.

생성시스템 안에 사는 청년들은 성장을 위한 노력을 하지 않아도 된다. 청년은 그 자체로 푸르기만 하면 된다. 푸르기만 해서 내일을 어떻게 꾸려나가냐고 묻지 말자. 성장에 대한 꿈을 버리면 내일은 예기지 못한 내일을 펼쳐낼 것이다. 그들은 단지 연결짓고 연대하면 된다. 그렇게만 된다면, 우리는 모두 푸른 청년이 될 것이다. 마찬가지로 재생산과 돌봄의 영역 또한 우리 모두의 문제가 될 것이다. 돌봄이란 무엇인가? 그것은 서로에게 어깨를 내어주는 일이다. 생성시스템안에서 재생산과 돌봄의 영역은 모두의 영역이 될 뿐 아니라 전 지구적 문제가 된다.

에필로그

여성청년 문제는 청년담론에서 왜 주변화되었는가? 우리는 이에 대한 답을 스스로 내어놓아야 할 것이다. 만일 주변화되었음에 동의하지 않는다면, 타자에 대한 감수성이 부족한 탓이 아닌가 생각해야 한다. 우리에게 가장 중요한 태도는 타자의 목소리에 귀를 기울이는 일이다. 청년이 아닌 내가 청년의 문제를 논할 수 있는 것은, 청년들의 목소리에 귀를 기울이고 관심을 가지자는 의미에서다. 내가 어찌 청년들에게 그들의 미래에 대해 훈계를 할 수 있을 것인가? 그러나 이 글의 시작에서 밝혔듯이 다행히도 나는 여성이라는 범주에 속한다. 이미 기득권의 자리에서 더 이상 '나도 청년'이라 말하기는 어렵지만, 여성당사자로서 돌봄 문제를 말할 수 있음에 다행으로 생각한다. 그러나 살아온 세월과 문화가 다르기에 여성청년들이 겪는 재생산영역의 문제를 다 이해했다고 볼 수는 없다. 그러니 내가 할 수 있는 일은 그저 그들의 목소리에 귀를 기울이겠다는 다짐 외에는 없다.

　최근 한국의 청년들의 미래에 대한 불안감은 최고조에 달했다. 그들은 '인생은 한 번뿐이다.(You Only Live Once)'라는 의미를 담은 욜로족을 자처했고, 지금은 기성세대가 생산시스템을 가동하며 야기한 기후위기 앞에 내일을 걱정하는 '플랜족'이 되었다. 청년 내부에서의 새로운 변화가 시작된 것이다. 청년, 여성, 그리고 그 외 사회적 소수자들은 연대를 통해 자신의 정체성을 주도적으로 만들어가겠지만, 최종의 목적은 다양성과 차이, 그리고 생성과 변화를 통한 느슨한 연대일 것이다. 그러할 때 청년이라는 세대의 문제는 사라질지도 모르겠다. (심귀연)

제2부

선택하는 청년

어디로, 무엇을, 어떻게

반항적 청년 vs 순종적 청년
- 사회적 이동 단절과 청년들의 대응

사회적 이동 단절과 청년들의 방황

사회적 이동(social mobility)은 청년에게 미래를 설계할 수 있는 가장 중요한 사회적 장치라고 생각한다. "노력하면 나아질 수 있다"라는 사회적 믿음이 존재할 때, 청년들은 교육에 많은 투자를 하고 위험을 감수하며 도전을 적극적으로 시도한다. 그러나 계층 이동의 사다리가 고착된 사회에서는 그 노력의 보상이 불확실해져, 청년들은 비정상적인 생존 전략을 스스로 모색하게 된다. 최근 한국, 중국, 일본 등에서 각각 관찰되는 은둔형 외톨이, N포 세대, 히키코모리(引き籠もり), 오야가챠(親ガチャ), 탕핑족(躺平族) 등은 이러한 사회적 이동의 구조적 단절에 따른 산물에서 비롯된 것이기 때문이다.

<table>
<tr><td>사회적 이동의 불안정성</td><td>한국의 N포세대 현상</td></tr>
</table>

한국의 '은둔형 외톨이'는 취업난, 열정페이 등 불안정한 노동 속에서 기대의 상실을 경험하고 사회적 접촉을 스스로 단절하는 것이다. 국무조정실이 2025년 3월 발표한 〈2024년 청년의 삶 실태조사〉에 따르면, 2024년 국내에 거주하는 고립·은둔 청년(만 19~34세)의 비율이 5.2%에 달하는 것으로 나타났다. 이는 2022년(2.4%)에 비해 2배 이상으로 늘어난 수치다. 우울증을 겪는 청년의 비율과 자살 생각을 경험한 청년들 역시 더 증가했다. N포 세대는 한국의 젊은 세대가 경제적 어려움, 높은 사회적 압박 등으로 인해 연애, 결혼, 출산뿐 아니라 내 집 마련, 인간관계, 꿈 등 'N가지'의 삶의 중요한 요소들을 포기하게 되는 현실을 가리키는 말이다.

일본의 오야가차(親ガチャ) 현상

중국의 탕핑(躺平) 현상

일본의 히키코모리는 한때 절대적 신뢰가 존재했던 장기적 안정고용이라는 전통적 신뢰가 무너지며 사회 진입 자체를 주저하는 현상으로 확장되고 있는데, 최근에는 중장년층까지 이어지고 있다. 오야가차는 일종의 '부모뽑기'로 한국의 금수저, 흙수저처럼 개인의 노력이나 능력과 상관없이 계급이 대물림된다는 뜻을 담고 있다.

중국의 탕핑족은 '996 노동 관행'처럼 과로를 강요하는 사회, 폭등한 집값, 국유기업과 권력층 중심의 폐쇄적 구조 등에서 차라리 경쟁을 포기하고 최소한의 삶을 선택하는 것을 의미한다. '996 노동 관행'은 오전 9시~오후 9시 업무 일상을 주 6일 반복하는 것으로써, 근로시간은 주 72시간에 달하며 출·퇴근 시간을 고려하면 오전 7시에 일어나 오후 11시에 귀가하는 생활이 된다.

이러한 현상은 서로 다른 국가 및 문화권에서 나타난 것이지만, 순응적인 청년일수록 구조적 고립에 더 빨리 포섭된다는 공통적인 특징이 있다. 성실히 요구를 받아들이는 태도는 더 이상 보상을 약속하지 않는 사회에서 오히려 소진(burnout)을 가속하는 경로가 되어버리는 것이다.

사회구조적 문제, 순종적 청년은 손해?

'자기 탓'만 하는 순종적 청년

흥미로운 것은 사회 구조가 경직될수록 '순종적인 청년'이 더 큰 손해를 본다는 주장이 최근 동아시아 전역에서 팽배해지고 있다는 점이다. 타인의 요구에 맞추고 규칙을 준수하며 조직의 논리 안에서 자신의 청춘을 소진하는 방식이 더 이상 사회적 보상, 사회적 이동 등과 연결되지 않는다는 생각이 커지고 있다. 이는 곧 다음과 같은 주장들과 연결되고 있다.

첫째, 노력의 대가가 무력해지고 있다는 주장이다. 순종적 청년은 대체로 성실하고 규범적이지만, 정작 그 성실함을 인정받을 수 있는 기회가 점점 줄어들고 있기 때문이다. 정규직 채용 축소, 비정규직 관행, 경쟁적 채용 구조 등은 '열심히 노력하면 이룰 수 있다'는 규칙을 더 이상 유효하지 않게 만들고 있다. 토마 피케티(Thomas Piketty)가 지적한 '자본의 수익률이 경제성장률보다 큰 사회($r > g$)'에서는 노동을 통한 사회적 이동이 점점 협소해져 불평등이 심화할 수 있다. 이를 여실히 보여주는 곳, 즉 한국·중국·일본 모두 부모 세대의 자산이 자녀 세대의 교육·취업·주거 기회를 결정하는 경향이 강화되며 성실한 노력이 더 이상 사회적 이동의 보증 수표가 되지 않기 때문이다.

둘째, 조직의 희생양이 되기 쉽다는 주장이다. 순응형 청년들은 문제 제기 없이 맡겨진 일을 묵묵히 수행하는 경향이 있어 구조조정, 업무전가, 초과노동 등의 대상이 되기 쉽다고 말한다. 문제를 제기하지 않는 청년을 조직은 편리하게 소비함으로써 청년의 심리적·신체적 소진은 더욱 커지게 된다.

셋째, '자기 탓' 경향과 정책 과정에서의 발언권 부족이다. 순종적 청년들은 구조적 문제를 '내 문제'로 받아들여 도움 요청을 꺼리는 경향이 있어 사각지대에 놓이기 쉽다. 구조적 문제를 개인적 결함으로 오해하며 내부적 반항 대신 자기 탓을 하는 경향이 커 자존감 저하, 은둔, 무기력 등에 빠져들기 쉽다. 이는 구조적 불평등이 개인의 심리까지 파괴할 수 있음을 보여준다. 또한, 순종적 청년은 정치적·사회적 의사를 적극적으로 표현하지 않기에 제도적 공간, 즉 정책 결정 과정에서 그들의 의견이 반영되기 어렵다. 이는 청년정책이 조용한 다수가 아닌 강력하게 요구하는 소수에게 유리한 결과를 낳게 된다. 이는 청년정책이 청년의 실제 필요보다 정치적 동원력이 큰 집단에 맞춰지는 현상으로 이어질 수 있다.

구조적으로 반복되는 동아시아 청년들의 무기력함?

왜 동아시아 청년들의 무기력함은 반복되는 것일까? 이는 단순한 세대적 특성이 아니라 권력·부의 세습 구조와 밀접하게 연관되어 있다고 생각한다. 한·중·일 모두 권력·부·기회의 세습 구조가 강화될수록, 청년의 '반항'은 무력해지고 '순응'은 다음과 같은 위험을 초래할 수 있다.

한국은 교육, 주거, 기업, 자본 등이 강력하게 대물림되는 사회라는 점에서 금수저·흙수저 논쟁과 같은 부의 대물림이 청년의 삶 전체를 규정한다. 부동산 격차는 교육 격차와 노동시장 격차로 이어짐으로써 은둔형 청년, N포 청년이 증가하는 구조적 배경이 된다.

중국은 정치·경제·사회적 자원의 핵심이 공산당 엘리트에게 집중되어 있고, 공산당 권력의 되물림 구조가 강하게 나타나고 있다. 상위 계층의 기회 독점은 "일반 청년은 아무리 노력해도 구조를 바꿀 수 없다"라는 인식이 커지며 탕핑족의 확산을 일정 부분 촉진했다.

일본도 정치권력의 되물림이 큰 나라 가운데 하나이다. 일본 정치권은 세습 정치인 비율이 높고, 사회 구조는 장기 침체 속에서도 기득권 중심으로 재편되었다. 힘 있는 집안의 자녀가 곧바로 정치·행정·경제권에 진입하는 구조는 오야가차에 따른 무기력함을 확장함으로써 히키코모리 청년들에게 정치·사회 참여의 무의미함을 학습시키는 환경이 되었다.

반항적 청년, 왜 건강한 사회를 조성하는가?

반항적 청년이 만든 정책들

세계 여러 나라에서 정책 변화를 주도하는 것은 주로 '반항적 청년', 즉 문제제기를 공개적으로 표현하고 집단행동을 조직한 청년들이었다. 이러한 반항적 청년들은 더 나은 정책적 대우를 확보하는 사례가 증가하고 있다.

첫째, 청년주거, 생활안정, 임금운동 등과 관련한 성과이다. 유럽에서는 대도시를 중심으로 청년들이 임대료 동결, 공공임대 확대, 최저임금 인상 등을 요구하며 거리로 나섰다. 이에 해당 정부는 청년층의 집단적 불만이 정치적 위기로 번질 수 있다는 판단에 관련 정책을 조정하기도 한다. 유럽의 일부 국가에서는 청년 주거 보조금이 신설되거나 확대되었으며, 일부 대도시에서는 청년 주도 시위를 계기로 청년 임대료 상한제가 도입되기도 했다. 또한, 청년들 주도의 집단적인 시위가 이어지자 정부가 '청년 생활안정 패키지'를 발표하기도 했다. 이러한 변화는 결코 자연스럽게 만들어진 것이 아니라, 청년들의 집단적 압박과 반항적 행동이 정책 결정자들에게 부담을 준 결과이다.

둘째, 기후·환경 분야의 청년 행동이 보여준 성과이다. '미래를 훔치지 말라'라고 외치며 기후·환경정책 강화를 요구한 청년들의 행동은 세계 각국의 환경정책에 실제적인 영향을 미치고 있다. 해당 정치권은 청년들의 표심을 의식해 탄소 감축 목표를 상향 조정하거나 청년 기후예산을 편성하는 등 적극적으로 대응하고 있다.

셋째, 디지털 노동·플랫폼 노동 문제를 제기한 청년들의 노동 개선 성과다. 배달 업무, 라이더, 플랫폼 프리랜서 등 청년 세대가 주축이 된 노동자들이 집단행동을 통해 산재보험 적용 확대, 수수료 구조 개편 등 실질적인 제도 개선으로 이어진 바 있다.

이처럼 청년들이 문제를 제기하고 적극적으로 행동함으로써 잘못된 관행을 바로잡고 제도적 개선을 도출함으로써 사회를 더욱 건강한 방향으로 이끌게 된다. 2024년 12월 발생한 크게 잘못된 계엄 사태를 빠르게 해결한 것도 청년들의 적극적인 저항이 큰 힘이 되었으며 그들이 한국의 민주주의를 지켜냈다는 점도 큰 의미를 지닌다. 정책적 변화는 '문제를 제기한 청년'에게만 보답하며, 절대적인 순종적 청년에게는 그런 보상이 최소화될 것이다.

반항적 청년은 왜 건강한 사회를 조성하는가?

이 글이 단순히 '순종적 청년보다 반항적 청년이 무조건 좋다'라는 평가를 하는 것은 아니다. 사회적 이동이 닫힌 시대에는 청년의 반항이 곧 사회의 경고신호 역할을 한다는 점을 말하고자 한다. 청년들이 문제를 제기하고, 때로는 불만을 표출하며, 정책적인 개선과 변화를 요구하는 행위는 첫째, 구조적 문제를 공론화하도록 만들고, 둘째, 정치가 청년 세대가 처한 현실적인 문제들을 직시하게 하며, 셋째, 사회적 이동의 경로를 다시 열기 위한 제도 개선을 촉진한다. 반면에 절대적인 침묵만을 선택한 순종적 청년이 많아질수록 사회는 문제가 없다고 판단해 변화 없이 기존 구조를 더욱 견고하게 구축해 사회적 이동을 단절시킬 것이다.

'착하고 순종적 청년'이라는 미덕의 재해석

이 글에서는 단순한 집단행동이나 폭력성이 아닌 '문제 제기의 중요성'을 기준으로 순종적 청년과 반항적 청년으로 구분했다. 사회적 이동이 닫힌 사회에서 나타나는 청년들의 대응 방식이 은둔/자포자기 현상 속의 청년(순종적 청년)과 정책적 문제 제기를 통한 구조적 · 제도적 개선을 쟁취한 청년(반항적 청년)들로 구분할 수 있기 때문이다. 청년들이 침묵할수록 구조적 위험은 청년의 개인적 책임으로 왜곡되고, 사회는 청년의 좌절을 개인의 실패로 취급하게 된다. 그러한 점에서 순종적 청년들이 겪고 있는 상대적 박탈감과 구조적 불이익은 그들만의 책임이 아닌 사회 전반의 구조적 문제점으로부터 비롯되고 있다.

한국·일본·중국의 청년들은 서로 다른 표현방식(은둔형 외톨이, 오야가차, 탕핑족 등)으로 좌절을 표현하고 있지만, 그 배경은 '열심히 살아도 나아질 수 없는 사회'라는 구조적 절망을 내포한다. 이제 순종을 미덕으로 칭송해 온 전통적 가치관은 새로운 질서 속에서 재해석될 필요가 있다. 청년이 사회에 문제를 제기하고, 때로는 저항하며 자신의 권리를 주장하는 행동은 단순한 반항이 아니라 현재와 미래세대를 위한 '정당한 참여 방식'이기 때문이다.

사회적 이동이 단절된 '닫힌 사다리' 사회가 진정한 위험에 직면하는 것은 '반항적 청년' 때문이 아니라, 불공정한 사회구조에 대한 문제 제기 없이 자기 자신만을 탓하며 위험에 빠지는 '순종적 청년'들이라고 생각한다. 건강한 사회는 다양한 문제 제기와 자유로운 토론을 통해 사회구조적 문제를 스스로 해결하는 사회일 것이다.

따라서 사회는 순종적 청년에게 "더 견뎌"라고만 요구할 것이 아니라 그들이 '반항할 수 있는 공간', 즉 자유롭게 말하고 요구하며 참여할 수 있는 제도적 안전장치를 마련해야 한다. 그것이 진정한 의미의 청년정책이며, 사회적 이동을 다시 확보하는 첫걸음이라고 생각한다. (서창배)

도시주의 시선으로 본 청년도시
- 불안과 욕망을 넘어 가능성으로

역설의 공간, 청년도시

우리가 살아가는 현대의 도시는 거대한 모순 위에 세워져 있다. 하늘로 치솟은 마천루의 화려한 스카이라인 뒤편에는 낡고 비좁은 고시원, 그리고 쉐어하우스가 숨어 있다. 그럼에도 매년 수많은 청년이 짐을 꾸려 더 큰 도시로 향한다. 높은 물가와 치열한 경쟁, 열악한 주거 여건까지 '살기 어려운 환경'이 분명함에도 불구하고, 청년들은 도시를 떠나지 않는다. 오히려 그 치열한 중심부로 더 깊숙이 들어간다.

'청년도시'라 하면 흔히 젊음의 에너지로 가득한 거리, 힙한 카페와 문화공간이 늘어선 풍경을 떠올린다. 하지만 도시주의(urbanism)의 시선으로 본 청년도시는 그런 소비적 이미지에 머물지 않는다. 그것은 생존을 위한 투쟁의 공간이자, 불확실한 내일을 담보로 청춘의 오늘을 베팅하는 실험의 무대다.

이 글을 쓰고 있는 필자는 다음의 질문에서 출발한다. "청년 도시는 청년이 살기 좋은 곳인가, 아니면 살기 어렵더라도 살고 싶어 하는 곳인가?" 리처드 플로리다(Richard Florida)와 에드워드 글레이저(Edward Glaeser) 등 도시학자들의 논의를 통해 청년도시의 본질을 탐색하고, 세계 각지의 사례를 바탕으로 청년들이 진정으로 추구하는 '정주성(settlement)'의 의미를 되짚어보고자 한다.

도시학자들이 말하는 '청년이 모이는 도시'

청년들이 특정 도시에 몰리는 현상을 이해하기 위해서는 현대 도시학의 거장들이 제시한 통찰을 살펴볼 필요가 있다. 그들은 청년들이 단순히 일자리만을 쫓아 이동하는 것이 아니라고 주장한다.

리처드 플로리다와 보헤미안 지수

미국의 도시경제학자 리처드 플로리다는 『창조적 계급의 부상(The Rise of the Creative Class)』에서, 도시의 성장을 이끄는 핵심은 창조적 계급이라고 주장한다. 그는 청년이 선호하는 도시를 설명할 때 '3T'라는 세 가지 조건을 내세웠다. 기술(technology), 인재(talent), 그리고 관용(tolerance)이 그것이다. 그중에서도 특히 눈에 띄는 건 관용이다. 플로리다는 예술가, 성소수자, 비주류

문화를 포용하는 도시일수록 경제적으로 더 성장할 가능성이 크다고 봤다. 청년들이 단지 높은 연봉을 좇아 도시로 오는 게 아니라, 자신의 개성을 드러내고 다양한 삶의 방식이 인정받는 곳, 즉 보헤미안 지수가 높은 도시를 선택한다는 것이다.

이 관점은 왜 청년들이 쾌적하고 조용한 계획도시보다, 다소 낡고 혼잡하더라도 문화적 다양성이 살아 있는 구도심(downtown)을 선호하는지 설명해 준다. 청년에게 도시란 단순한 거주지가 아니라, '나다움'을 드러낼 수 있는 공간이어야 하기 때문이다.

에드워드 글레이저와 인적 자본의 힘

반면 하버드대 경제학과의 에드워드 글레이저는 『도시의 승리(Triumph of the City)』에서 도시를 인류 최고의 발명품이라 지칭한다. 그에게 도시의 핵심 기능은 '접촉'과 '교류'에 있다. 도시는 똑똑한 사람들이 모여 아이디어를 주고받고, 혁신을 만들어내는 거대한 인큐베이터인 셈이다.

글레이저의 시선에서 청년도시를 정의하자면, 그것은 '배움과 기회의 시장'이다. 청년은 완성된 상태가 아니라, 불완전한 상태에서 도시에 들어온다. 그들은 도시의 높은 밀도 속에서 멘토를 만나고, 동료를 찾고, 최신 트렌드를 빠르게 흡수하면서 자아를 만들어 간다. 즉, 청년들이 도시를 선택하는 이유는 살기 편해서가 아니라, 자신의 인적 자본(human capital) 가치를 극대화할 수 있는 유일한 공간이기 때문이다. 도시는 청년에게 리스크를 감수하는 자기투자를 위한 최적의 장소인 것이다.

제인 제이콥스와 '거리의 눈'

고전적 도시학자 제인 제이콥스(Jane Jacobs)의 시각도 여전히 유효하다. 그녀는 도시의 활력이 거대하고 획일적인 건물이 아니라, 낡은 건물과 좁은 골목, 그리고 그곳을 채우는 다양한 사람들의 활동에서 나온다고 봤다.

청년들이 매료되는 힙 플레이스들은 대개 제이콥스가 옹호했던, 걷기 좋고 우연한 만남이 가능한 복합용도의 공간들이다. 청년들은 잘 정돈된 아파트 단지의 고립보다는, 불편하더라도 사람 냄새가 나고 사건이 끊이지 않는 거리의 활력을 원할 것이다. 이런 시선에서 보면, 청년도시란 단순히 '젊은이들이 많은 도시'가 아니라, '걷고, 부딪히고, 우연히 만나는' 도시, 즉 '거리의 눈'이 살아 있는 도시인 것이다.

청년도시의 딜레마: 쾌적함인가, 가능성인가?

앞선 개념들을 종합하면 하나의 명확한 역설에 도달한다. 청년도시는 '살기 좋은(livable)' 곳이 아니라 '살고 싶은(desirable)' 곳이다.

불편함의 비용과 기회의 편익

현실의 청년도시는 가혹하다. 런던, 뉴욕, 서울, 도쿄 등 세계적인 대도시의 청년 주거 빈곤율은 심각한 수준이다. 높은 임대료를 감당하기 위해 '지옥고(반**지**하, **옥**탑방, **고**시원)'라 불리는 열악한 주거 형태를 받아들인다. 쾌적함(amenity)의 측면에서 본다면 이들의 선택은 비합리적으로 보인다.

하지만 이를 기회비용의 관점에서 보면 합리적 선택이 된다. 지방 소도시나 교외 지역은 쾌적한 주거환경을 제공할지 모르지만, 청년들이 필요로 하는 문화적 자본과 사회적 네트워크는 결핍되어 있다. 청년들은 물리적 쾌적함을 포기하는 대신, 도시가 뿜어내는 가능성의 에너지를 구매하는 것이다. 그들에게 불편함은 성공을 위해 지불해야 할 일종의 입장료(entry fee)라고나 할까.

FOMO(고립 공포감)와 공간적 배제

디지털 네이티브인 현대의 청년들에게 '연결'은 생존과 직결된다. 여기서 도시는 오프라인 플랫폼 역할을 한다. 도시에 살지 않는다는 것은 단순히 거주지가 멀다는 것을 넘어, 트렌드의 최전선에서 밀려나고 있다는 불안감, 즉 공간적 FOMO(Fear Of Missing Out)를 유발한다. '서울에 살지 않으면 2등 시민'이라는 자조 섞인 농담은 인프라와 기회가 도시에 집중된 불균형 발전의 현실을 반영함과 동시에, 도시 중심부에 속하고자 하는 청년들의 강렬한 욕망을 대변한다.

세계 도시 속의 청년들: 정착과 표류 사이

세계의 도시들은 청년들을 끌어들이는 동시에 밀어내고 있다. 몇 가지 사례를 통해 청년도시의 명과 암을 살펴보겠다.

뉴욕 브루클린: 젠트리피케이션의 최전선

뉴욕의 윌리엄스버그나 부시윅은 전형적인 청년도시의 흥망성쇠를 보여준다. 저렴한 임대료를 찾아 예술가와 청년들이 모여들었고, 그들이 만들어낸 독특한 문화는 지역을 핫플레이스로 만들었다. 하지만 역설적으로 그 매력이 자본을 끌어들이면서 임대료가 폭등했고, 원주민인 청년들은 다시 외곽으로 밀려나는 젠트리피케이션(gentrification)이 발생했다. 이곳에서 청년들은 도시를 매력적으로 만드는 주체(creator)이자, 그 매력에 의해 축출당하는 피해자(victim)라는 이중적 지위를 가진다.

베를린: 가난하지만 섹시한 도시의 변화

클라우스 보베라이트 전 베를린 시장은 베를린을 '가난하지만 섹시하다(arm aber sexy)'라고 정의했다. 저렴한 물가와 자유로운 분위기, 테크노 클럽과 스타트업 씬은 전 세계 청년들을 베를린으로 불러 모았다. 베를린은 청년들이 '살기 좋으면서도 살고 싶은' 드문 사례였다. 하지만 최근 베를린조차 글로벌 자본의 유입으로 주거난이 심화되고 있다. 이는 자본주의 도시 시스템 내에서 청년들이 누릴 수 있는 저렴하고 매력적인 공간의 수명이 얼마나 짧은 지를 보여준다.

서울: '힙'한 소비 공간과 '헉'한 주거 공간의 괴리

서울의 성수동, 을지로, 홍대는 세계 어느 도시보다 역동적이다. 24시간 꺼지지 않는 불빛과 인스타그램에 최적화된 공간들은 청년문화의 정점을 보여준다. 그러나 그 이면에는 과도한 인구밀도와 살인적인 주거 비용이 존재한다. 서울의 청년들은 낮에는 가장 세련된 소비자로서 도시를 향유하지만, 밤에는 5평 남짓한 공간으로 돌아가 미래를 걱정한다. 서울은 청년들에게 '화려한 무대'와 '비좁은 대기실'을 동시에 제공하는 도시다.

청년들이 진정으로 원하는 정주성(定住性)이란 무엇인가

그렇다면 청년도시는 어떤 방향으로 나아가야 하는가? 도시주의는 이제 성장과 개발을 넘어 정주와 지속가능성을, 아니 그 이상의 진정한 청년 정주를 고민해야 한다.

주거(housing)를 넘어선 거주(dwelling)

하이데거는 "거주는 단순히 집에 머무는 것이 아니라, 세상과 평화로운 관계를 맺는 것"이라고 했다. 청년들에게 필요한 정주성은 단순히 비과 바람을 피할 물리적 공간(shelter)의 확보하는 개념만이 아니라, 보이지 않는 확대된 경계를 넘어선다.

그들이 원하는 것은 느슨한 연대가 가능한 커뮤니티다. 1인 가구의 고립감을 해소하면서도 프라이버시는 지켜주는 공유 주택(co-living), 카페처럼 편안하게 일하고 쉴 수 있는 제3의 공간(third place)이 주거지의 확장된 개념으로 제공되어야 한다. 속박이나 머물러 있는 주거는 이제 청년들에게 받아들여지지 않는다.

실패가 허용되는 도시 생태계

청년들이 살고 싶어 하는 도시는 '완벽하게 정비된 도시'가 아니라 '틈새가 있는 도시'다. 리처드 세넷(Richard Sennett)이 말한 '열린 도시(open city)' 개념처럼, 계획되지 않은 우연이 발생할 수 있고, 적은 자본으로도 실험적인 시도가 가능한 공간이 필요하다.

높은 임대료는 청년들의 실험 정신을 말살한다. 청년 창업가, 예술가들이 실패하더라도 다시 일어설 수 있도록 저렴한 작업 공간과 주거를 제공하는 것은 시혜가 아니라, 도시의 장기적인 활력을 위한 투자다.

소유하지 않아도 누릴 수 있는 도시

소유의 종말 시대에 청년들은 집을 소유(owning)하기보다 도시를 점유(occupying)하기를 원한다. 내 집은 좁더라도 집 밖을 나서면 도서관, 공원, 체육시설, 문화센터 등 공공재가 내 집의 거실처럼 기능할 수 있어야 한다. 청년도시의 핵심은 사적 공간의 빈곤을 공적 공간의 풍요로 채워주는 데 있다. 이것이 바로 앙리 르페브르가 외쳤던 도시권(right to the city)의 현대적 실현이다.

청년도시는 완성형이 아닌 진행형이다

청년도시에 대한 도시주의적 탐구의 결론은 명확하다. 청년도시는 청년들이 편안하게 안주하는 낙원이 아니라, 그들의 불안과 욕망이 충돌하며 에너지를 만들어내는 용광로다. 청년들은 살기 어렵더라도 기회가 있는 곳, 불편하더라도 나를 표현할 수 있는 곳을 찾아 끊임없이 이동할 것이다.

진정한 의미의 청년도시는 청년들의 젊음을 연료로 태워 소비하는 곳이 아니라, 그들이 뿌리 내리고 성장할 수 있는 토양을 제공하는 곳이어야 한다. 그것은 물리적 재개발로 이루어지는 것이 아니다. 다양성을 포용하는 관용, 실패를 용인하는 경제적 안전망, 그리고 고립되지 않고 연결될 수 있는 사회적 인프라가 갖춰질 때, 도시는 비로소 청년들에게 '살고 싶고, 살 만하며, 머물고 싶은' 장소가 될 것이다. (홍창유)

항저우는 왜 청년 친화적인가

올해(2025년) 10월 중국 항저우에서 휴머노이드 로봇이 세계를 또 한 번 놀라게 했다. 중국의 한 청년이 창업한 한 로봇 회사의 휴머노이드 로봇이 사람에 한층 더 가까워진 동작을 보였기 때문이다. 중국의 〈관찰자망〉이라는 인터넷 뉴스에 따르면, 키 180cm와 무게 70kg에 31개의 관절을 가진 로봇이 그 주인공이다. 걷기와 춤이 훨씬 원활해졌다. 주먹이나 옆차기와 같은 고난도의 동작도 거뜬히 한다. 또 이 로봇은 레이저 레이더와 생체 모방 카메라를 탑재하여 사람 얼굴에 더욱 가깝게 360도 주위를 인식할 수 있다. 로봇의 운동 제어 알고리즘은 요철 도로에 적응하기 위해 실시간으로 걸음걸이를 조정할 수 있다. 이 회사의 휴머노이드 로봇은 CCTV의 춘절 전날 밤 무대에서도 북방 가무를 멋지게 선보여서 수많은 중국 시청자와 세계의 시선을 사로잡은 바 있다. 이 회사의 창업자는 왕싱싱(王兴兴)이라는 1990년생의 청년이다. 왕싱싱은 2017년 아주 젊은 나이에 유니트리(宇树科技)라는 이름의 이 로봇 회사를 설립한 청년이다.

항저우에는 성공한 청년 창업자가 왕싱싱만 있는 것이 아니다. 올해 초 세계를 놀라게 한 생성형 인공지능을 출시한 딥시크(DeepSeek)의 청년 창업자 량원펑(梁文锋)도 있다. 또한, 게임 사이언스(游戏科学), 딥로보틱스(云深处科技), 브레인코(强脑科技), 매니코어(群核科技) 등의 청년 창업자가 있다. 항저우의 육소룡(六小龙)이라 불리는 6개 기업은 올해 중국뿐만 아니라 전 세계적으로 주목의 대상이 되었다. 올해 수많은 사람이 이들 기업을 참관하기 위해 항저우로 몰려가고 있다.

미국 실리콘 밸리와 경쟁하는 항저우

몇십 년 전에 필자가 처음으로 여행해 본 항저우는 고대도시의 분위기를 간직한 관광도시일 뿐이라고 생각했다. 그런데 오늘날에는 중국 제1의 디지털 경제 도시이다. 이제 한국의 웬만한 도시는 항저우와 경쟁 대상도 아니다. 이 도시는 어떻게 선전(深圳), 상하이 등 중국 최고의 혁신도시, 심지어 미국의 실리콘 밸리와 경쟁하는 도시로 발전했는가? 2000년대부터 마윈(马云)이 알리바바를 창업하고 거대 집단을 만들면서 항저우는 극적으로 발전하기 시작했다. 2025년에는 육소룡이 집중적인 조명을 받았다. 육소룡 뒤에는 사실 6천에서 7천의 작은 용이 더 있다고 한다.

항저우는 벤치마킹 대상으로 급부상

치열하게 경쟁하는 라이벌 도시가 던지는 질문은 다음과 같다. 항저우의 성공적인 발전이 자신의 도시에 왜 없는가? 이에 대한 해답을 찾는 과정에서 항저우 모델이라는 담론도 급부상했다. 항저우의 성공적인 발전은 항저우 모델이라는 담론으로 발전한 것이다. 중국에서 항저우 모델 연구서가 몇 권 출판되기도 했다. 필자도 논문이나 국책 연구기관의 사이트에서 이를 소개한 바 있다.

유능한 정부-유효한 시장-유기적 사회

필자는 중국의 항저우 모델 연구서 가운데 푸단대학교의 류뎬(刘典) 등의 저서가 항저우 모델의 핵심을 전달하고 있다고 생각한다. 이 저서에서 항저우 모델을 유능한 정부-유효한 시장-유기적 사회의 삼위일체 모델로 설명한다. 첫째, 지방정부는 지나치게 개입하지 않고 기업과 시장을 위해서 실속 있는 역할에 충실한다. 예컨대 항저우 정부는 국유 펀드를 조성하여 몇몇 육소룡이 성장하는 데 기여했다. 또 항저우 정부의 적극적인 기업 유치, 인재 및 세금 혜택의 정책도 한몫했다. 친 민영기업 정책도 빠트릴 수 없다. 둘째, 유효한 시장이다. 시장은 정부에 대해서 종속적 위치가 아니라 주도적 역할을 했다. 민간 펀드도 육소룡의 하나인 딥시크의 발전에 크게 기여했다. 항저우의 슈퍼 발전에는 민영기업의 역할이 지대했다. 최근 중국의 500대 민영기업의 소속 도시를 보면, 1선 도시인 선전, 상하이, 베이징 및 광저우를 제외하고 항저우가 가장 많았다. 셋째, 유기적 사회이다. 항저우는 예로부터 지금까지 혁신 · 포용 · 개방성 · 비즈니스를 중시하는 사회이다. 중상적 분위기를 대표하는 사람이 저장 상인이다. 저장 상인은 전통적으로 중국의 대표적인 상인이다. 항저우 사람은 저장 상인의 DNA가 풍부하다. 마윈이 저장 상인의 DNA를 많이 물려받은 창업자이다. 이런 사회문화는 항저우를 거주하기 좋은 도시의 분위기를 조성했다. 이런 분위기는 청년을 항저우에 지속적으로 거주하도록 하고 유치하는 원동력이 되었다.

알리바바 경영대(阿里巴巴商学院): 대학 내 창업의 메카

삼위일체 모델뿐만 아니라 이를 구성하는 유능한 정부-유효한 시장-유기적 사회도 개별적으로 청년 친화적 요인이다. 항저우는 세 가지 측면, 즉 청년의 취업 창업, 공공서비스 보장 및 생활의 질 향상에서 다른 도시보다 더욱 청년 친화적이다.

첫째, 항저우의 취업 · 창업에 대해서 보자. 이는 항저우 사범대학교의 알리바바 경영대의 사례에서 단적으로 나타난다. 필자는 코로나 팬데믹 전부터 항저우를 몇 차례 방문한 적이 있다. 그때부터 필자는 이미 항저우의 청년 친화성에 놀라움을 금치 못했다. 『중국 남방도시 여행: 모바일만 들고 떠나는』이란 필자의 저서를 일부 소개한다. 항저우 사범대학교는 마윈의 모교이다. 이 대학교 소속의 알리바바 경영대는 항저우 사범대학교와 알리바바가 협력하여 설립한 대학교와 기업의 합작대학이다. 그 소속은 항저우 사범대학교이다. 이사장과 학장을 맡고 있는 마윈 대신에 부학장과 당 위서기의 겸직자가 실질적인 운영을 담당하고 있다. 청년의 취업·창업과 관련하여 놀라운 점은 알리바바 경영대가 재학생이 창업하도록 적극 지원하고 있고 실제 재학생의 절반가량이 창업하고 있다. 알리바바 경영대는 전자상거래 분야에서는 중국에서 유명한 단과 대학이다. 1학년 때부터 타오바오(taobao)에 개점해서 온라인 판매를 하는 재학생도 있다. 이 당시에 창업 비용이 한국 돈으로 1백만 원에 불과하다고 한다. 거액의 상품을 판매해서 성공한 학생도 있다고 한다. 대학은 학교 내에서 창업한 학생에게 공간을 무료로 제공한다. 또 대학은 지하에 주문받은 상품의 포장 공간도 구비하고 있다. 인큐베이션 단계를 거쳐서 창업 회사는 항저우 정부의 공상관리국에 등록하기도 한다. 필자는 지금까지도 이렇게 창업 친화적인 대학을 보지 못했다. 항저우 정부 통계를 봐도 마찬가지이다. 2024년 한 해만 항저우시에 새로 설립된 대학생 창업기업은 무려 9,300개이다.

항저우 곳곳에 무료 숙소

청년의 취업·창업 친화적인 모습은 항저우 곳곳에 발견된다. 당신이 항저우에 취업 면접을 보러 오면 항저우에서 무료 숙소를 제공한다. 만약 당신이 올해 졸업생이고 항저우에 와서 일자리를 찾을 동안 있을 곳이 없다면, 역참(무료 숙소)을 이용할 수 있다. 그 이름은 '칭허 역참'(青荷驿站)이다. 이것은 항저우시가 항저우 외부의 졸업생들을 대상으로 새롭게 출시한 서비스이다. 1차로 약 1,000채의 주택이 무료 숙소로 출시되었다. 무료 숙소는 현재 항저우 대부분의 지역에 퍼져 있다. 무료 숙소 신청 방법도 간단하다. 먼저 위챗(WeChat)에 들어가자. 위챗은 중국인 거의 모두가 사용하는 슈퍼 앱(애플리케이션)이다. 한국의 카카오톡과 비슷하다. 이 안에 미니프로그램(小程序)이 있다. 미니프로그

위챗 미니프로그램 '인재 항저우'(人才杭州)

램도 일종의 앱이다. 앱스토어나 플레이스토어의 앱과는 약간 차이가 있다. 앱스토어나 플레이스토어의 앱은 다운로드 해야 사용할 수 있다. 하지만 미니프로그램은 다운로드 받을 필요 없이 검색해서 바로 사용할 수 있다. 훨씬 편리하고 간편하다. 위챗의 미니프로그램에서 '인재 항저우'(人才杭州)를 검색한다. 검색한 '인재 항저우'의 하단에 무료 숙소인 '칭허 역참'을 찾을 수 있다. 다음으로 칭허 역참에 들어간 후, 역참 목록에서 자신이 갈 항저우의 해당 지역(城区)을 찾는다. 해당 지역에 들어가면 상세한 내용이 있다. 정책 소개, 무료 숙소(역참) 목록 및 신청이 있다. '신청하기'(去申请)를 클릭한 후, 정보를 기입한 후 제출하면 된다. 아주 간단하다.

당신은 항저우의 역참에 7일간 무료 숙박하면서 구직 면접, 인재 취업 및 혁신 창업 대회 등의 활동에 참여할 수 있다. 청년 유치와 지원의 성과도 크다. 2025년 통계에 따르면, 항저우에는 513만 명의 청년 인구가 있으며, 이는 시 전체 인구의 3분의 1을 차지한다. 지난 1년 동안 항저우는 고급 인재 4만 1,300명을 새로 인정(认定)하고, 35세 이하 대학생 40만 명을 새로 유치했다. 최근 5년 동안 총 208만 명의 젊은 인재를 유치했으며, 인재 유입률은 여러 해 동안 전국 1위를 차지하였다.

저렴하게 주택 지원

둘째, 주택 지원을 보자. 청년이 대도시에 체류할 때 가장 큰 문제는 주택이다. 한국을 보자. 서울 강남이나 인근의 아파트는 청년이 평생을 모아도 사기 쉽지 않은 가격이다. 하물며 청년은 대도시의 주택 구입은 말할 것 없고 주택을 임대하는 것도 쉽지 않다. 중국의 대도시도 크게 다르지 않다. 따라서 중국에서 주택 지원은 청년의 취업·창업을 위한 공공서비스 가운데 가장 중요하다. 항저우에서는 청년이 집을 임대하면 매년 1만 위안을 지급한다. 만약 졸업 예정자가 아니라면, 인재 임대 주택(人才租赁住房)을 신청할 수 있으며, 보조금도 있다.

여기서도 위챗의 미니프로그램에서 '인재 항저우'(人才杭州)를 검색하면 모두 알 수 있다. 임대 정보 지도(租房信息一张图)를 검색하면 된다. 이 지도에는 공공임대주택, 인재 특별임대주택, 블루칼라아파트, 장기임대아파트, 무료 숙소(역참) 등 각종 주택 정보를 포함한다. 임대 정책 조회, 주택 조회, 자격 자체 조사 등의 기능을 통합하여 포괄적이고 편리하며 안심할 수 있는 주택 임대 서비스를 제공한다.

이런 지원은 비교적 저비용이다. 항저우는 새로운 시민과 청년층을 대상으로 공공 임대 주택(公租房)을 더욱 공급했다. 2010년 후반에 시작한 공공 임대 주택은 중하소득층이나 무주택자를 위한 중국판 보금자리 주택이다. 항저우 정부에 따르면, 2024년

한 해에만 시 전역에서 공공 임대 주택 1만여 세대를 출시하고,
공공 임대 주택에 대한 금전 보조금(貨币补贴)을 18만 가구에 지
급한다.

청년 인구가 많은 도시, 항저우

항저우 정부만 역할을 하는 것이 아니다. 시장도 중요한 역할
을 한다. 시장의 민간자금이 바로 그것이다. 항저우는 저장성에
속한다. 저장성은 저장 상인(절상)으로 유명하다. 이들은 오래전
부터 자금을 축적해 왔다. 이들은 축적한 민간자금으로 청년의 창
업기업을 지원하고 기존 민영기업을 지원함으로써 청년의 고용을
늘린다. 사회도 한몫한다. 상대적으로 포용성과 개방성을 갖춘 항
저우 사회는 안팎의 청년 인재가 일하고 싶은 사회이다.

정부-시장-사회가 단합한 항저우는 나름대로 성과가 가시적
이다. 최근 수년간 항저우는 다른 도시보다 인구의 증가율이 높
다. 또한 항저우는 다른 도시보다 청년 인구가 많이 늘어나는 도
시이다. 무엇보다 항저우는 벤치마킹할 모델로 다른 도시의 부러
움을 사고 있다.

탕핑과 내권의 중국 청년

지금까지 말한 항저우는 밝은 모습이다. 항저우도 청년의 어두운 현실이 있다. 중국 청년의 현실은 어떤가? 한국처럼 중국의 청년세대는 기성세대보다 기회 총량의 절대적 부족으로 어려움을 겪고 있다. 무엇보다 고성장시대에서 지금은 성장이 추락하는 시대이다. 중국 교육부 데이터에 따르면, 2024년 대학 졸업생 규모는 1,179만 명에 달하며, 2012년에 비해 68% 증가했다. 중국 국가통계국 자료에 따르면, 2024년 16~24세 인구 조사 실업률의 최고치는 18.8%에 달했으며, 이는 사회 평균 수준인 5.1%보다 현저히 높은 수치이다.

중국의 출산율이 급속하게 하락한 점이 이를 말해준다. 한 여성이 평생 낳을 아이의 수를 말하는 합계출산율을 보자. 유엔 〈세계 인구 전망 2024〉 보고서 등 각종 통계에 의하면, 중국의 합계출산율(TFR)은 2020년에 1.3명이다. 2025년에 1.09로 더 감소한다. 전 세계에서 한국(0.72) 다음으로 낮다. 중국에서도 합계출산율이 0.7 이하인 상하이나 베이징은 더 심각하다. 중국의 갑작스러운 출산율 하락은 필자도 놀라울 정도이다. 중국의 청년도 한국의 청년처럼 감당하기 힘든 주택 가격, 육아비, 사교육비 등의 부담감으로 인해 출산을 주저한다.

또한 내권(內卷)과 탕핑(躺平)도 주목의 대상이다. 내권은 중국 사회에 퍼져 있는 과도한 경쟁을 말한다. 취업난과 과도한 경쟁

속에서 청년은 현실에 도피하고 있다. 탕핑은 내권 속에서 청년들이 드러누워서 경쟁에 소극적이라는 뜻이다. 바이란(摆烂)도 있다. 이는 탕핑보다 정도가 심한 상태이다. 많은 청년은 부모에 의존하고 있다. 이른바 캥거루족이다. 이것이 중국 청년의 현실이다.

청년의 주체적 역할이 필수적

그동안 중국은 어느 나라보다 디지털 전환의 속도가 빨랐다. 거기다 인공지능의 전환이 급속히 진행 중이다. 이에 적절하게 대응하지 못하면 청년세대는 더욱 곤란해질 것이다. 중국의 대표적인 청년 친화형 도시인 항저우는 이를 해결하려는 사례를 보여 준다. 지방정부뿐만 아니라 시장과 사회의 역할도 보여 준다. 여기에 청년이 주체적으로 역할을 한다면 항저우 사례는 금상첨화가 될 것이다. 중국은 2010년대부터 청년을 발전계획에 적극적으로 융합하고 있다. 2020년대 초부터 청년 발전형 도시사업을 통해서 국가가 청년을 중심에 놓고 도시 발전을 모색하고 있다. 하지만 중국도 갈 길이 멀다.

한국은 어떤가? 지방의 청년들이 너도나도 수도권으로 떠나고 있다. 한국의 도시는 청년 친화적 드라이브에서 다소 늦은 감이 있다. 한국에서도 2025년 2월부터 청년 친화 도시가 지정되었다. 절차는 간단하다. 기초지자체가 청년 친화 도시사업을 신청한

항저우 드림타운
ⓒ이중희

다. 이에 지정된 기초지자체는 지원을 받는다. 한국의 청년 친화 도시사업도 성공하기 위해서는 정부와 시장, 사회의 대대적인 협력이 필요하다. 이런 점에서 항저우는 중국의 도시뿐만 아니라 한국의 도시에도 시사하는 바가 있다. 유능한 정부, 유효한 시장 및 유기적 사회의 삼위일체가 필요하다. 또한 청년은 수동적 존재가 아니다. 청년 스스로가 주체적인 역할을 해야 한다. 한국이든, 중국이든 도시 발전에서 청년의 주체적 역할은 더 이상 미룰 수 없다. (이중희)

일본으로 건너간 중국 청년들
- 유학인가, 이민인가

청년을 주제로 중국을 바라볼 때 특히 중요한 연구대상이 될 수 있는 것 중의 하나는 중국의 젊은 유학생이 청 왕조 말기부터 미국 혹은 유럽 그리고 일본으로 유학을 함으로써 서양의 근대지식이 중국에 수입되고 이식되었다는 사실일 것이다. 물론 미국이나 유럽으로 유학을 한 중국 청년들의 역할도 중요하지만 특히 이웃나라인 일본으로 많은 숫자의 유학생이 파견되어 정치, 경제, 사회, 문화의 모든 분야에 걸쳐 새로운 지식이 도입되었다는 것은 아주 중요하다고 할 수 있다.

이렇게 중국과 일본 간에 발생했던 근대지식의 번역과 수입이라는 과정은 전체적으로 볼 때 다섯 번 정도 큰 물결이 있었다고 판단할 수 있다. 본고에서는 이러한 역사적 경위를 정리하면서 특히 2000년대 이후 중국청년의 일본유학 물결을 소개하고자 한다.

중국 청년의 일본유학 제 1파: 1898년~1910년
- 근대지식의 도입

　중국청년의 일본유학 제 1파는 중국국내의 양무운동(洋務運動)과 변법운동(変法運動) 그리고 청일전쟁이라는 국제정치의 영향에서 시작되었다고 할 수 있다. 청말의 아편전쟁 패배는 서양 근대문명 특히 무기와 선박분야에서 압도적인 힘을 차이를 중국에 인식시켰고 중국은 이를 만회하기 위하여 서양의 무기를 도입하는 양무운동을 시작하였다. 이는 중국의 전통적인 봉건체제를 바꿔야 한다는 변법운동으로 발전하였으나 이러한 노력에도 불구하고 작은 섬나라 일본과의 전쟁에서 패배했다는 사실은 상상할 수 없을 정도로 큰 충격이었다.

　이러한 충격 속에서 일본유학이 시작된 것은 어쩌면 당연한 결과였을지도 모른다. 우선 청나라 중앙정부의 정책으로서가 아니라 절강성(浙江省)과 강소성(江蘇省) 그리고 호북성, 호남성 등에서 유학생을 파견하는 정책이 시작되었는데 특히 일본유학을 적극적으로 권장한 양강총동(両江総督) 장지동(張之洞)의 역할이 중요하다고 하겠다. 그는 『권학편(勧学篇)』이라는 저서에서 일본 유학을 추천하는 이유로서 「近」=가깝고 「安」=비용이 적게 들고 「同文」=중국과 같이 한자를 사용한다는 세 가지 이유를 들고 있다 . 이렇게 시작된 일본유학은 1905년 전후에는 최성기를 맞아 일시적으로는 5천 명의 중국유학생이 일본에 체류하고 있다는 통계가 있을 정도로 급격하게 확대되게 된다. 19세기 말 중국에서 일본으로 유학을 하기 위해서는 우선 1, 2년의 유학비용이 준비되어 있어야 하고, 마음의 결심을 하였다고 하면 지방도시에서 상해 혹은 천진(天津)으로 이동하여 일본을 연결하는 선박편을 수일 혹은 수 주간 기다렸다가 나가사키 혹은 고베에서 하선한 후 다시 열차에 몸을 싣고 동경까지 도착해야 되었으니 지금같이 두세 시간 만에 연결되는 비행기의 시대와는 비교가 되지 않을 만큼 번잡하고 시간이 드는 여정이었다. 동경에 도착하였다고 해도 말이 통할 리가 없으니 우선 일본어 공부를 시작해야 하였으며 고향을 같이 하는 중국인 친구들과의 교류를 통하여 일본의 대학교 혹은 전문학교의 입시 정보를 구해야 할 필요도 있게 된다.

이러한 중국인 유학생의 교류를 담당한 것이 동경에 설립된 청국유학생회관「淸国留学生会館」이다. 중국인 유학생 청년들은 청국유학생회관을 중심으로 각 지방별로 다시 작은 유학생 그룹을 조직하고 각종 잡지와 신문 등을 발행하면서 활발한 활동을 전개하였다. 이들 유학생들이 번역한 각종 교과서, 정치, 경제, 사회, 문화, 농업, 의학에 관련된 번역서가 중국사회 혹은 한국, 대만 등의 동아시아에 미친 파급효과는 실로 엄청났다.

그것도 그러할 것이 1905년에는 과거제도가 폐지되고 근대적인 학교제도가 도입되었으니 우선 초등학교가 1학년에서 6학년까지 구성되어야 했고, 중학교 고등학교, 그리고 대학교까지 설치되어야 했고 각 학년에 맞는 국어, 산수, 도덕, 역사, 지리 등의 교과서가 필요하였으니 근대적인 지식을 반영한 교과서 수요만으로도 상상을 넘는 작업이 필요하였던 것이다. 이것뿐이 아니다 이렇게 설치된 각 학교에서는 수업을 담당할 선생님들이 필요하였으니 이를 담당한 인재가 다름 아닌 일본에서 유학을 경험한 중국인 유학생이었던 것이다.

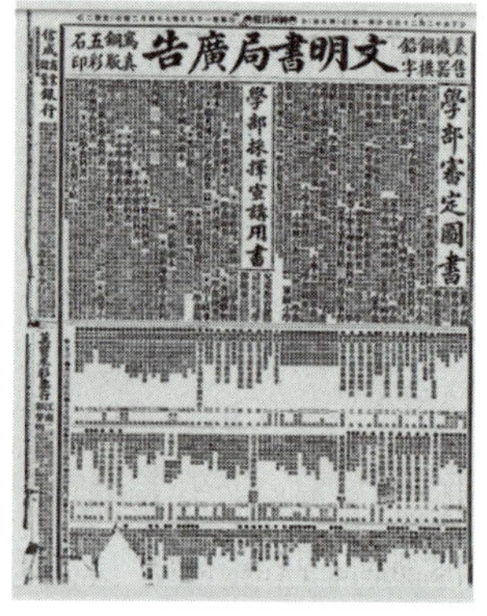

『신주일보』(1907년 4월 2일)에
게재된「문명서국」의 교과서 광고

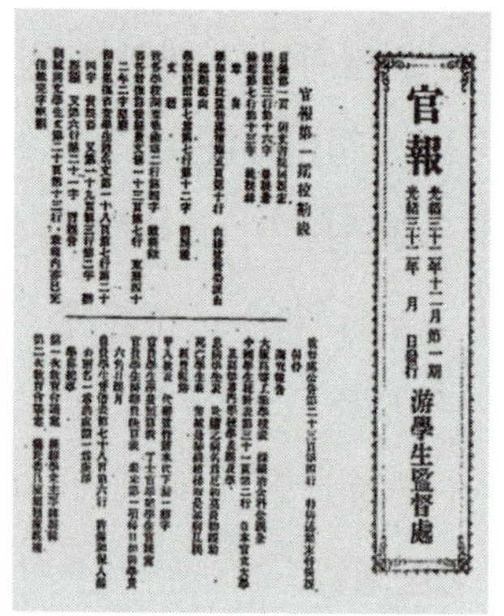

유학생 감독처 관보

중국 청년의 일본유학 제 2파: 1910년~1923년
- 사회주의와 공산주의

중국청년의 일본유학 제 2파는 신해혁명을 전후한 1910년부터 1923년까지를 말한다. 신해혁명과 1919년의 54운동 혹은 신문화 운동 시기를 거치면서 일본유학이라는 수요는 급격히 확대되었다. 1920년대 당시의 중국 국내상황과 중국에서의 사회주의, 혹은 공산주의의 수입과정을 그린 중국의 CCTV의 드라마 〈각성연대〉(覚醒年代, 2021년 방영)가 있다. 이 드라마에는 일본 와세다 대학교의 중국인 유학생과 이들 유학생들에 의해서 번역된 사회주의 사상 혹은 공산주의 사상이 어떻게 중국 국내에 이입되고 중국적인 토양으로 번역되어 왔는지가 잘 그려져 있다. 1921년 상해에서 개최된 중국공산당 제1회 전국대표대회에는 중국 각지의 대표 13명이 모였는데 중국공산당 성립의 중심적인 역할을 담당한 진독수(陳独秀), 이대교(李大釗) 등 총 네 명이 일본 유학생이었다는 사실만 보아도 젊은 청년 중국 유학생이 얼마나 큰 영향을 미쳤을지는 상상할 수 있겠다. 여기에 중국 근대 문학의 아버지로 불리는 노신(魯迅)과 중국의 영원한 총리라고 불리는 주은래(周恩来) 또한 일본 유학생이었으니 중국 지식청년에게 있어서 일본유학이 얼마나 큰 영향을 끼쳤을지는 미루어 짐작할 수 있겠다. 이때 당시의 중국인 청년 유학생의 학적과 유학비용을 관장했던 조직이 유학생 감독처라는 조직이었다. 유학생 감독처는 일본 전국의 공립, 사립대학교 혹은 육군사관학교, 전문대학교, 의학, 농업, 여자대학교에 재학 중인 중국인 유학생에 관한 각종 조사기록과 경비사용내역, 유학생의 병원 통원기록 등 방대한 기록을 남기고 있다.

그러나 이러한 중국인 청년 유학생의 일본유학은 1923년 이후에는 정치에 압도당하면서 자율성이 완전히 파괴되게 된다.

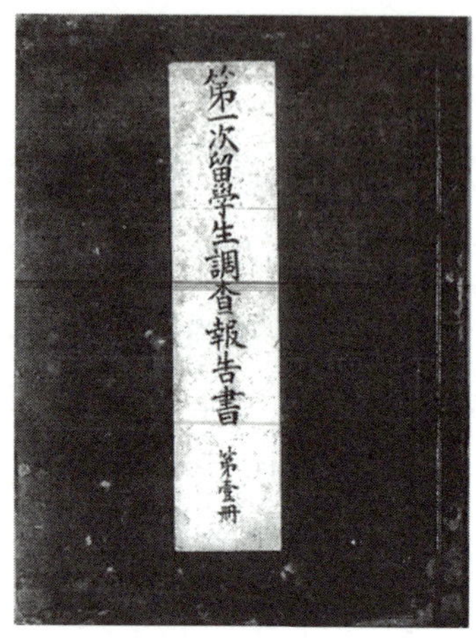

各省官費生人数一覧表（八年四月造）

民国八年春季各官費生冊	
省別	人数（名）
中央	11
熱河	一
直隷	44
奉天	114
吉林	34
黒竜江	1
江蘇	69
安徽	29
江西	84
浙江	157
福建	59
湖北	66
湖南	119
山東	73
河南	8
山西	63
陝西	81
甘粛	11
四川	80
広東	93
広西	13
雲南	38
貴州	18
合計	1265

와세다대학교 도서관 소장 사네또분고(実藤文庫) 자료에 수록된 <중국인 유학생 조사보고서>와 <관비생 일람표>(1919년 조사)

중국 청년의 일본유학 제 3파: 1923년~1937년
- 대지문화사업(対支文化事業)

한국의 역사에 있어서 1923년은 관동대지진이 발생하여 많은 재일 조선인이 학살된 해로 기억된다. 중일관계사에서는 일본의 대지문화사업이라는 제도가 시작되는 해이기도 하다.

종래의 중국에서의 유학생 파견은 중화민국 정부의 비용으로 파견되는 경우와 지방 정부 혹은 각종 철도회사들 사기업에서 경비를 부담하는 경우가 있었고 일본정부의 장학금 지원을 받는 경우도 있었다. 일본정부의 장학금이라고 하는 것은 일본정부가 특별히 중국을 우대해서 경비를 마련하였다는 것이 아니라 1900년의 의화단(義和団)사건이 진압되면서 중국이 지불해야 하는 배상금을 이용한 것이었다. 1901년에 체결된 북경의정서에 의해 중국은 4억 500만 량이라는 배상금을 영국, 미국, 일본 등 8개국에게 지불해야 했는데 이는 당시의 청조의 연간수입의 수배에 상당하는 금액이었다. 이러한 배상금의 지불은 1940년까지 계속되어야 하였으나 1911년 미국은 미국으로 유학하는 중국 청년을 위한 대학교로서 북경에 청화대학교(清華大学校)를 설립하는 경비를 지불함으로써 영국 혹은 일본도 미국과 같이 배상금을 중국에 환원하는 방식을 취하게 되었다. 이때 일본이 구상한 제도적 장치가 대지 문화사업이라고 하는 외무성이 관장하는 사업이었다. 이 대지 문화사업의 중심을 이룬 것이 양국의 학술교류와 유학생의 장학금 지원사업이었다. 학술교류를 위해서 북경과 동경에는 인문과학연구소가 설립되었고 상해에는 자연과학연구소가 설치되었다. 중국의 남부지방을 대표하는 광동성에서는 상업과 무역을 지원하는 전시관의 설치를 요구하였으나 최종적으로 실시되지는 않았다.

중국인 유학생의 장학금 지원사업은 처음에는 순탄하게 시작되는 듯하였다. 그러나 유학생의 선발을 관장하는 것은 일본의 외무부였고 유학생에 대한 감시활동의 실시는 상해사변, 만주사변을 거치면서 더욱 강화되었다. 급기야는 만주국의 독립과 민주국 유학생의 장학금 지급이라는 계획이 대만문화사업(対満文化事業)이라는 이름으로 실시되었다. 이에 반발한 중화민국 정부는 청년 유학생의 일본 유학 파견을 중지하였으며 1937년의 중일전쟁의 발발은 실낱같이 이어지는 청년 유학생의 교류마저도 단절시켰다. 중국과 일본의 청년 교류는 1980년대의 개혁개방을 맞이하기까지 실질적으로 공백기에 해당하는 시대를 갖게 된다.

중국 청년의 일본유학 제 4파: 1980년~2000년
- 윤택한 생활을 위하여

문화대혁명이라는 정치 풍파를 겪은 중국은 1949년 이후에는 청년 유학생을 당시의 사회주의 국가의 큰형 노릇을 했던 소련 등에만 파견하였다. 미국과 유럽 혹은 일본의 서방세계에 유학생을 파견하는 것은 등소평이 등장하여 개혁개방을 선언한 1980년까지 기다려야만 했다.

이렇게 해서 1978년에는 겨우 860명에 불과한 유학생은 1985년에는 5천 명을 전후한 숫자로 증가되었으며 특히 1984년에 실시된 중국정부의 사비유학 제한완화 정책은 종래의 국비 유학생 중심의 유학이 일반 학생에게 개방된 중요한 정책이었다. 그러나 중국인 청년 유학생의 증가가 모두 긍정적인 것만은 아니었다. 이렇게 해외 유학이 개방됨으로써 중국인 유학생이 불법 취로로 생활비를 벌고 있다는 문제가 일본의 주요 신문에 등장하는 횟수도 급증하였다. 일본은 버블경제의 전성기로서 건설 산업 등에서 값

싼 노동력을 필요로 하였으며
중국인 청년 유학생은 윤택한
생활을 위하여 일본인이 하기
싫어하는 더럽고 힘든 노동을
담당하게 되었던 것이다. 당시
의 환율로 계산하면 1주일 정
도의 아르바이트만으로도 중
국 본국의 1개월 수입 이상을
올릴 수가 있었으니 유학생들
이 불법취로에 나서는 이유도
어느 정도는 이해할 수 있겠
다. 그러나 유학생이 증가하였

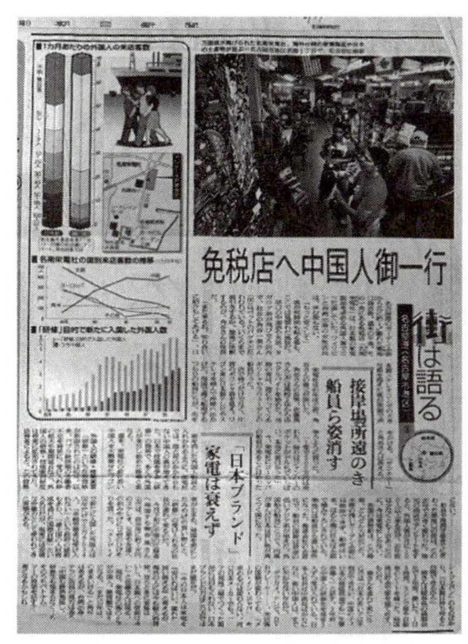

<면세점 쇼핑중인 중국인 관광객>,
(일본 아사히신문, 2003년 8월 14일)

다고는 해도 1985년에 이르기까지 일본유학생의 총 수는 약 5천
명이었으니 100년 전의 중국유학생 5천 명이 얼마나 많은 숫자인
지 상상할 수가 있다. 이렇게 해서 중국인 청년 유학생은 미국과
유럽 그리고 일본 등으로 다양한 유학을 선택하게 되었으며, 인재
육성을 슬로건으로 하는 중국 정부의 정책과 맞물리면서 1995년
에는 5만 명, 1999년에는 8만 명에 육박하는 중국인 청년 유학생
이 일본에 등록을 하기에 이르렀다.

중국 청년의 일본유학 제5파: 2000년~현재
- 유학인가, 이민인가?

2000년대에 들어와 중국정부에 의한 유학의 완전자유화 정책에 힘입어 중국의 청년 유학생들의 일본으로의 유입은 더욱 가속화 하였으며 이들을 능가하는 수준으로 확대된 것이 일반 중국인의 해외 관광여행의 시작이라는 새로운 물결이었다. 2012년경부터 시작된 중국인 관광객에 의한 싹쓸이 쇼핑은 2016년경까지 계속되었으며 일본에 방문하는 중국인 숫자는 2013년 1000만 명에서 2016년에는 2400만 명 그리고, 2019년에는 3200만 명으로 증가하였다.

이러한 민간교류를 배경으로 청년 유학생의 증가 또한 급격히 늘게 되었으니 2000년에는 약 4만 명이었던 유학생이 2008년에는 약 18만 명, 2019년에는 70만 명으로 증가되게 된다. 2019년의 70만 명의 중국인 유학생의 내역은 미국 약 30만 명, 영국 약 12만 명, 호주 약 10만 명, 일본 약 12만 명이었다고 한다.

중국 측에서 공급되는 청년 유학생이 급격하게 증가한 이유 중의 하나는 일본 측의 수요 급증이라는 요인이 있던 것도 사실이다. 일본 측에서는 노인 복지, 서비스업, 건설업 등에서 노동력이 부족하였다는 요인도 있지만 최근에는 유학을 해서 학위를 취득하고 중국에 귀국하는 것이 아니라 취로를 경유해 정주하는 유학이민을 하는 청년 유학생이 급격히 늘고 있는 것이다.

이러한 유학이민을 기대하는 중국인 유학생은 현재에도 계속 증가하고 있으며, 이들을 대상으로 한 일본어 학교도 성황리에 영업을 확대하고 있다. 그중에 대표격인 것이 고우치학원(行知学園, 2009년 설립)이다.

고우치학원은 본부를 동경 신주쿠에 설치하고 신오오쿠보, 다카다노바바, 오사카, 교토 등에도 분교를 두고 있으며, 중국 국내 각지에도 천진(天津), 서안(西安), 무한(武漢), 심양(瀋陽) 등에 분교를 설치하

고우치학원 홈페이지에 올라온 2025년 합격 실적

고 있다. 연간 4,000명 이상의 수강생이 있다고 하니 일본에서는 규모가 가장 큰 일본어 학교라고 하겠다. 이외에도 동경을 중심으로 일본신가쿠쥬쿠(日本進学塾JUQ), 레이와교이쿠(今和教育), 아오후지교이쿠(青藤教育), 신도우호우(新東方日本語学校), 게이데이주쿠(啓程塾) 등 많은 일본어 학교가 영업을 확장하고 있다.

(손안석)

청년의 포텐, 스쾃(squat)

들어가며: 스쾃(squat) 이야기

스쾃(squat)은 땅이나 건물을 불법으로 점유하는 것을 말한다. 영어의 스쾃은 원래 "웅크리다. 쭈그리고 앉다."라는 뜻을 가지고 있다. 17세기 후반 영국의 식민지였던 북미에서 식민 정부의 허가 없이 토지를 점거하고 살던 정착민들을 스콰터(squatter)라고 부르기 시작했다. 19세기 산업화 시대에 이르러 도시가 팽창함에 따라 도시민들이 철거된 가옥이나, 빈 땅, 버려진 건물을 점거해서 거주하는 일이 생겼다. 실로 심각한 주거난을 겪게 된 것이다. 이런 상황에서 스쾃은 도시로 몰려든 사람들이 살아남기 위한 자구책이었다.

이 일이 20세기에 들어오면 정치적 운동으로 확대된다. 노동자들이 공장이나 공장의 시설을 점거하던 일이 대표적이다. 이탈리아에서는 파시즘 이후 이탈리아를 재건하기 위하여, 청년이나 노동자들이 버려진 건물을 점거해 공동체의 공간으로 활용하던 일도 있었다. 이것이 1970년대와 80년대 들어 유럽의 다양한 지역으로 확대되었다. 주로 주거난에 대한 대응이거나, 가난한 사람들이 공동으로 사용하는 공동부엌을 마련하는 형태로 등장하거나, 문화 예술 공간을 확보하기 위한 점거의 형태로 드러나기도 했다.

국민의 2%가 국토의 80%를 소유한 아르헨티나와 같은 곳, 즉 빈부격차가 극심한 나라에서 스쾃은 목숨을 걸어야 하는 일이기도 했다. 왜냐하면 개인의 사유지에 침입하는 사람을 부자들이 가만둘 리가 없었고, 공권력 역시 이 불법 침입자들을 그냥 내버려둘 리 없었기 때문이다. 스쾃은 처음부터 취약한 사람들과 함께 출발한 말이자 실천이었다. 이후 스쾃 운동은 소유보다는 사용을 우선으로 여기는 운동으로 확산된다. 그래서 주거를 중심으로 하는 스쾃 운동, 도시 공동체를 위한 공공 공간을 확보하려는 공간 운동, 정치투쟁의 장으로서 점거 운동, 예술 운동으로서 스쾃 운동, 도시 공간을 실험하기 위한 공간 실험 운동 등이 그렇다.

불법/합법 그리고 초법

실험이라는 것은 소위 새로운 일을 해보는 것을 말한다. 이전에 없던 일을 하는 것이 실험이다. 이는 실험이 규칙에 우선한다는 것을 의미한다. 규칙은 행위를 규제하고 조절한다. 규칙은 사람을 존중하기 위한 하나의 수단이고, 위험으로부터 사람들을 보호하기 위한 사람들의 약속이다. 규칙은 사람들 사이의 관계를 조절하여 질서를 유지한다. 그런 점에서 규칙은 삶을 안정시킨다.

하지만 규칙이 우리 삶을 옥죄거나, 규칙이 과도해서 우리 삶의 활력을 잃게 할 수도 있다. 가부장주의나 인종주의처럼 규칙이 차별과 폭력을 가져오는 경우도 있다. 만일 내가 남자 어른이고, 우월한 인종으로 간주된 집단에 포함되어 있다면, 가부장주의나 인종주의를 문제라고 생각지도 않으며 살 수 있다. 하지만 그런 경우에라도 열등하다고 간주된 인종의 고통과, 가부장 질서에 포함되지 않는 내 옆의 사람들의 고통을 감지하고 감각하는 경우가 있다. 이들의 고통과 저항, 그리고 거기에 응답하고 싶은 내 도덕적 감수성은 기존 질서에 균열을 내고 새로운 것을 만들고 싶은 욕망을 자아낸다. 이는 좀 더 나은 질서를 향한 욕망, 새로운 화해를 만들어내고 싶은 욕망이다.

이처럼 삶을 실험하고 싶은 욕망은 자유를 향한 인간의 자연스러운 욕망 중 하나다. 너무 촘촘해져서 우리 삶을 장악해버린 규칙 바깥으로, 내 삶을 옥죄는 수많은 규칙 바깥으로 나가고 싶은 마음은 소극적 자유의 범주에 해당한다. 하지만 이런 자유를 행사하고 나면, 으레 내 삶을 회복하고, 새로이 정립하고 싶은 자유를 행사하게 되는데, 이를 적극적 자유라고 한다.

이 경우 인간은 규칙 안에도 있을 수 있지만, 규칙 바깥에 있을 수도 있다. 인간이 진정 자유로우려면 말이다. 법을 예로 들자면, 인간은 법 안에서도 살아야 하지만 법 바깥에서도 살 수 있어야 한다. 규칙 외부를 모르는 삶은 규칙을 객관적으로 볼 수 있는 시선이 주어지지 않는다. 이들에게 소위 법은 준법 외에는 모두 탈법이나 불법이 될 수밖에 없다. 그런데 한국은 성장을 거치면서 구성원들에게 규칙을 만들기보다는, 따르고 지키는 것을 더 중요하게 생각하도록 강요했다. 대부분이 교육이라는 이름으로 이런 일을 강요당했다. 심지어 질서와 합리성이라는 이름으로.

덕분에 우리는 규칙을 직접 만드는 경험을 해보지 못했다. 이런 상황에서 불합리하다고 생각했던 규칙에 이의제기를 해보거나 거부해보는 경험, 그리고 그 이의제기나 거부로 성취감을 느끼면서 내 자유를 만들어가는 경험은 더더욱 할 수 없었다. 이는 성인이 된 후에 고분고분하고 말 잘 듣는 사람이 되도록 가르치는 기성세대와 권력자의 권력 관철 비법 중 하나다. 푸코는 이를 훈육이라는 말로 표현했다. 훈육은 흔히 '설명 없이 몸에 새겨지는 권력'으로 정의된다. 이렇게 되면 사람은 마치 자동 기계처럼 훈련된 대로 행동하려고 한다.

다시 공간의 문제로 돌아가 보자. 스쾃 같은 방법으로 공간을 실험한다는 것은 기존 규칙에 따르면 불법이지만, 새로운 입법을 촉구하고 초래한다는 점에서는 '초법적'이다. 공간과 시간 그리고 자원과 같은 인프라가 기존 권력에게 집중되어 있어, 취약한 사람들이나, 새로 등장한 사람들에게 불리하게 되어 있을 경우, 이를 '기존(existing)' 법이나 규칙으로 조정하기란 쉽지 않다. '기존' 규칙은 '기존' 세대이자 '기존' 권력을 위해 만들어진 것이기 때문이다.

취약한 존재와 새로 등장한 존재에게 불리한 영역을 정당하게 재조정하려면 규칙을 새로 만들어야 한다. 하지만 새로운 것을 만들 때, 기존 규칙이 이를 보장하는 경우가 있지만, 기존 것에 위협이 되는 경우 기존 규칙이 새로운 것을 만들지 못하도록 방해하는 경우가 있다. 이럴 경우 새로운 '정의'를 만들기 위해 불법이지만 과감히 법 밖으로 나가야 한다. 우리는 이를 불법이라 말하지 않고, '초법'이라 말한다. 이런 상황에 롤즈가 말한 '시민불복종'이 해당하고, 가장 오래된 장치로는 '혁명'이 있다. 스콧 역시 여기에 해당한다.

인권과 주권 그리고 도시의 권리

앙리 르페브르가 개인의 삶을 작품으로 만들라고 한 후, 이 작품 같은 삶이 전개되는 공간 역시 작품이 되어야 한다고 말한 바 있다. 일상인이 삶을 '창작'하는 일과 예술가가 작품을 창조하는 일을 유비하면서, 이런 창작물을 향유할 장소에 대한 문제제기도 같이 한 셈이다. 이런 장소를 만들 권리를 르페브르는 '도시의 권리'라고 표현했다. 없던 일을 하는 것, 새로운 일을 모색하는 것이 소위 '창작'일 텐데, 도시에서 이런 일을 한다는 것은 추상적인 '인권'을 구체적인 장소인 '도시'에 '실현'하고 '구현'한다는 것을 의미한다.

인권이 보장하는 거주와 이주의 자유는 그렇게 도시에서 대중교통에 대한 공적 사용으로, 주거 공간을 공적으로 제공하거나 확보하는 일로 '구체화'된다. 하지만 이런 일이 제대로 보장되지 않으면, 취약한 사람들의 삶이 위태롭게 된다. 이러한 위태로움은 시급한 일이기도 하다. 그래서 도시에서 행해지는 실험은 인간이 최소한의 존엄한 삶을 보장할 수 있도록 시급하게 진행되어야 할 경우가 많다. 아울러 그들을 보호하지 않던 기존 법을 넘어서 그들의 삶을 존엄하게 만드는 초법적 행동을 해야 할 경우도 생긴다.

한 가지 예를 들어보자. 장애인의 이동권은 시급한 인간의 권리고, 이와 관련한 사회적 갈등은 많다. 전국장애인차별철폐연대 시위가 대표적이다. 이를 좀 더 구체적으로 적용해보면, 정작 우리가 다니는 대학교에는 이동 장애인의 이동권을 보장해주는 '저상 버스' 하나 없다. 부산의 대학은 대부분 산에 있는데 말이다. 대학은 명시적으로 장애인을 차별할 생각은 없는 것 같지만, 명시적으로 장애인 권리를 보장해주려는 생각도 없는 것 같다. 엘리베이터만 설치하면 될 일인가. 상황이 이런데 대학은 왜 이리도 평화로운가.

이 글을 읽는 대학생들은 어떤가. 이미 성인이라 대통령을 뽑을 순 있지만, 정작 대학생들은 총장을 뽑지는 못한다. 이를 보장해주는 대학 역시 어설픈 간접선거 정도의 형식에 만족할 뿐이다. 꽤 많은 돈을 내고 학교를 다니지만, 그들에게 결정권은 없다. 대학의 수업이 만일 소비재 상품이라 생각한다면, 제대로 된 반품

서비스조차 없다는 것도 이상한 일이다. 권한은 그리 쉽게 주어지는 것이 아니다. 생각을 좀 더 멀리 가져가 보자. 여러분은 살면서 실제로 자신만의 결정권을 행사해본 일은 언제, 어디였던가.

결정권이라는 말을 왜 이렇게 중요한 걸까. 내 삶을 내가 결정한다는 건 내가 내 삶의 주인이라는 뜻이다. 그런데 그 결정권이 없다는 것은 무엇을 뜻할까. 집단의 삶을 규정하는 말 중에 '민주주의'라는 말이 있다. 이 말의 뜻을 생각해보자. '민주'라는 말은 사람들이 주인이 된다는 뜻인데, 주인이 된다는 것은 '자기 결정권'을 행사한다는 것을 뜻한다. 그래서 민주주의의 반대말은 공산주의나 사회주의가 아니고, 독재나 과두제인 것이다. 이런 결정권을 정치학에서는 '주권'이라 말한다. 이 글을 읽는 여러분은 살면서 그런 '결정권'을 보장받은 적이 있었으며, 행사한 적이 있으며, 제대로 존중받은 적이 있는가? 기성 세대들에 비해 청년들의 입장은 어떨까?

청년 철학, 가능성의 철학

청년은 소위 새로 등장한 세대라 할 수 있다. 그런 점에서 청년은 '기성 세대'와 다른 '세대'다. 나는 여기서 세대라는 말보다는 '기성'과 '새로운'에 더 주목하고 싶다. 그런 점에서 청년은 새로 등장한 사람들(newcomers)이라 할 수 있다. 내가 새로움에 주목하고 싶은 이유는 앞서 말한 법과 권리 문제 때문이다. 모든 제도 그리고 그 제도의 후원을 받아 사용할 수 있는 다양한 (물적, 인적, 제도적) 인프라는 새로 등장한 사람을 예비하고 만들어지는 경우가 거의 없다. 그래서 새로 등장한 사람들은 기존의 것을 이용하려고 해도 제대로 이용할 수 없는 경우가 많다. 새로 등장한 사람들은 그런 의미에서는 이미 있던 사람들에 비해 취약하다.

우리가 만든 구조나 지식은 아직 등장하지 않은 것, 그리고 갓 등장한 것들을 제대로 다루지 못한다. 새로 등장한 것들을 다루고, 적응하며, 관계하려면 그만큼 시간과 노력이 들기 마련이다. 시대는 변하고 사회도 변하며, 사람들도 새로 등장한다. 이 변화에 기존 구조나 지식은 늘 미봉책으로 대응할 뿐이다. '새 술을 새 부대에 담아야' 한다면, 변화된 상황에 따른 새로운 지식과 언어가 필요하며, 그 지식과 말을 활용하고 지원을 받아야 할 새로운 사람들이 필요하다. 이런 것들의 등장을 논의한 대표적인 철학자가 바로 발터 벤야민, 한나 아렌트, 임마누엘 레비나스다.

이 사상가들의 공통점은 모두 당대의 거장 '하이데거'에 사상적으로 대항한 데 있다. 하이데거는 우리의 삶을 돌아보고 제대로 정립하기 위해 '죽음'을 앞당겨 성찰하는 것이 중요하다고 말했다. 하지만 앞서 언급한 세 사람은 이럴 경우 철학은 새로 등장하는 사람과 사건을 사유하는 데 무능하다고 지적한다. 내 삶을 반성하고 재구성하기에 나의 죽음을 생각하는 일은 나름의 강점을 가질 수 있지만, 새로 등장하는 타인과 조화롭게 살기 위한 삶을 생각하기에는 문제가 있다. 이런 생각 방식은 자칫 새로 등장하는 취약한 타인에게는 치명적일 수도 있다. 그런 점에서 하이데거의 생각은 처음부터 자기 중심성을 벗어나질 못한다.

새로운 사건과 새로운 사람들을 위해서는 소위 이들을 맞이하는 환대의 실천이 필요하다. 새로 온 사람들은 늘 이전에 없던 행동과 생각을 한다. 아렌트는 이를 '행위'라는 개념으로 표현했다. 그에게 행위는 노동이나 제작과 달리 새로움을 낳는 인간의 행동을 의미한다. 그 새로움은 늘 내 바깥에서 온다. 그래서 아렌트는 '죽음'을 생각하는 것보다, '탄생'을 생각하는 것이 중요하다고 강조했다. 이 새로움은 기존 질서나 구조로 소화할 수 없는 사건이 되고, 기존 질서나 구조와 대립하기 쉽다.

벤야민은 새롭고 취약한 것들의 등장이 역사의 거대한 흐름을 끊는 예리한 파편이 될 수 있다고 강조했다. 하지만 사건과 균열을 일으킨 이들이 새로 등장한 사람이고, 기존 인프라나 지식과 권력을 쓸 수 없는 존재들이므로, 이들이 일으킨 새로운 사건은 그 긍정적 가능성에도 불구하고 기존 세력에 의해 거부당하기 십상이다. 이처럼 취약한 존재를 맞이하기 위해서는 먼저 와 있던 존재들(기성세대들)은 자신의 자리를 완전히 박차고 나와 이들을 맞이해야 한다고 주장한다. 레비나스는 이를 환대(모심)라고 했다.

예를 들어 이전에 쌓은 부를 통해 부동산을 다량 소유하고 있던 기성 세대들에게 청년의 등장은 임대료 수입의 원천으로 보일

테지만, 환대의 사유에 따르면 이런 일은 청년 세대들을 착취하는 세대 착취이며, 기존 제도나 사회구조는 이런 착취를 보장하는 부정의한 구조에 불과하다. 어쩌면 세대 착취는 시간의 격차에 의거한 '근원적 축적'의 구조일지도 모른다.

임대료를 통한 수입 창출은 자신이 보유한 부동산을 통해 비단 청년만이 아니라, 가난한 사람들 전체의 취약성을 가중시키는 일이 될 수 있으므로, 이런 부정의는 비단 '청년'만의 문제는 아닌 것으로 확장될 수 있다. 이는 부동산과 관련한 사회 정의의 문제, 부의 재분배 문제를 근본적으로 재고찰하는 일로 보편화될 수 있다. 이는 거주의 자유라는 인권 문제 자체를 소환하는 일이 된다. 이를 도시에 적용시켜 구체화하면, 특정 도시에 사는 시민이 시민으로서 정당하게 보장받아야 할 '거주권' 문제로 부각된다.

아리스토텔레스가 일찍이 현실을 보는 방법을 현실성과 가능성으로 분리해둔 바 있는데, 청년의 등장은 '가능성'을 통해 현실을 재구성하도록 명하는 사유와 실천의 잠재력이다. 기성 세대의 세대 착취를 새로 등장한 세대가 비판할 수 있다는 사실을 우리는 불합리한 '현실성'에 맞서는 합리적인 '가능성'의 등장으로 해석할 수 있다. 청년을 이렇게 생각한다는 것은 청년을 현실성에 우선하는 가능성, 건강을 만들어내는 취약성에 빗댈 수 있다. 이를 청년의 철학이라 부를 수 있을지 모른다.

도시 실험과 임계의 공공성

하이데거처럼 내가 내 삶을 반추하려면 '죽음'이라는 극단의 상황으로까지 내 상상력을 밀고 가야 한다. 이렇게 극한으로까지 자기 몰고 가서 자기를 비판적으로 점검하는 방법을 칸트는 '한계로서 비판'이라고 했다. 하지만 이것도 오류가 있을 수 있으니, 이 오류를 서로 점검해주는 것으로 보완할 수 있다. 이를 '경계로서 비판'이라고 한다. 이제 우리는 나름의 판단력으로 서로를 점검할 수 있다. 하지만 새로 등장한 사람, 기존의 구조와 지식으로는 도무지 해석되지 않는 사태와 마주한 사람들의 상황은 누가 점검할까. 그 자신조차 자기를 설명할 수 있는 말이 없는 경우가 많은데.

말도, 지식도, 그 사람과 사건에 맞는 제도나 인프라조차 없는 경우에 취약한 사람이 할 수 있는 일이라곤 튀지 않도록 숨거나, 숨어서 뒷담화하거나, 그도 아니면 절규하거나, 조용히 살아지는 일 아닐까. 나는 취약한 존재들이 희미하게 제기하는 긴장감을 '임계'로 표현한다. 그리고 이 임계가 '공적 가능성'을 가질 수 있기 때문에, 이를 '임계적 공공성'이라 표현했다.

아직 오지 않은 것을 등장시키려면 도발과 실험이 필요하다. 취약한 사람들이 긴장감을 제기할 때 이 긴장감은 주로 중요한 가치를 지닌 것이기도 하지만, 시급한 일이기도 하다. 주거권이 없는 사람들이나 이동권이 없는 사람들에게 이를 보장하는 일은 매우

기본적이고 중요하지만, 시급한 일이다. 건강하게 살도록 의료적 지원을 받아야 할 경우는 더욱 그렇다. 이런 권리가 시급히 보장받지 못하면, 생사여탈의 문제가 생길 수도 있으므로, 이런 경우 불법이라도 저지를 수밖에 없는 경우가 생긴다. 내가 스콰을 생각하는 이유도 이 때문이다.

앞서 언급했듯이 스콰은 불법 행위지만, 정의를 바로 세우기 위한 불법이다. 파리에서 대학생들이 노숙인들과 함께 공공장소에 텐트를 치고 거주하면서, 노숙인의 주거권을 보장하고, 자신들의 임차료를 낮춰달라고 요구했던 일을 생각하면 주거권은 중요하고도 시급히 보장되어야 하는 일이다. 『청년, 난민 되다』 역시 이런 문제를 다루고 있다.

최근, 수익이 거의 없지만 작업실이 필요한 예술가들이 철거에 직면했지만 보존할 가치가 있는 건물들과 만나 활발한 스콰 실천을 진행하고 있다. 함부르크의 파크 픽션과 갱에비어텔의 예술가 운동이 그렇다. 맨하탄 폐선을 공원으로 만들려고 했던 시민의 하이라인 스콰 운동이 있다. 이 운동은 부산의 또따또가 예술촌을 만들던 과정과 연결되어 있고, 부산의 동해남부선 시민 공원 운동과도 결부되어 있다.

함부르크의 사례

함부르크의 두 사례를 살펴보면, 우선 예술가들이 철거에 직면했지만, 보존해야 할 건물과 공간을 불법으로 점거한다. 그리고 이 점거를 통해 자신이 작업할 수 있는 공간을 확보하면서, 모든 시민을 위한 공간을 만들어 간다. '모두를 위한 예술'을 점거(squat)를 통해 '실험'했던 것이다. 수많은 청년 예술가들이 자신이 작업할 공간이 없어서 타지로 이동하던 때에 이 일이 일어났다. 자신의 의지와 다르게 자신이 사는 곳을 떠나는 일, 지역의 인재가 유출되는 것은 그 지역으로서도 문제가 될 일이다. 그럼에도 불구하고 함부르크 시는 공적 장소를 팔아서 시민의 공적 영역을 축소하는 데 급급했다.

예술가들은 시민들과 함께 오래된 공간을 불법 점거(squat)하면서 이런 문제에 대응했다. 그 결과 함부르크 시는 건물과 공간을 사들여, 이를 시민을 위한 공공재로 만들었다. 이는 함부르크의 역사를 새기고 있는 건물과 공간의 기억을 보존하는 일이기도 했고, 여기서 시민의 활력이 새로이 펼쳐질 수 있도록 재생하는 것이기도 했다. 이러한 과정이 반복된 결과 함부르크는 시민들이 모두 일상 생활에서 예술을 향유할 수 있는 인프라를 확보하게 되었고, 함부르크의 기억을 보존할 수 있게 되었다.

뿐만 아니라, 취약한 예술가들이 안정적으로 작업을 할 수 있는 공간을 지속적으로 확보할 수 있도록 제도도 신설했다. 그것이 바로 세습임대(die Erbepacht) 제도다. 이는 특정 용도로 임대한 공간이 비었을 때, 특정한 사람만 세습하여 임차할 수 있도록 보장한 제도다. 예술가들의 불법 점거가 이전에 없던 새로운 법을 만들어냈고, 이 법을 통해 도시의 기억을 보존하고, 취약한 예술가들의 활동을 보장하면서, 이들이 타지로 유출되는 일도 막았다. 이에 더하여 시민들은 일상에서 문화와 예술을 더 친근하게 향유할 수 있게 되었다.

나가며

없던 제도를 새로 만들기 위해서는 기존 제도에 의지하여 새로운 제도를 만드는 방법이 있다. 하지만 기존 제도가 더 좋은 제도와 규칙을 만드는 데 방해가 될 경우, 기존 제도나 규칙에 반대하면서 더 좋은 제도를 '창작'할 수 있어야 한다. 이것이 비록 불법이라 하더라도 말이다. 스콰은 그 대표적 사례 중 하나다. 법과 제도가 현실의 변화를 따라잡지 못하고, 심지어 그것들이 특정한 사람들만의 권리를 보장하면서, 다른 사람의 삶을 치명적으로 훼손할 경우, 시민들은 이에 저항해야 할 정당한 이유가 있다. 정의론은 이를 '정의'라고 규정한다. 시민불복종 운동이나 혁명만이 아니라 인종차별 반대운동이나 여성차별 반대운동 같은 차별 반대운동도 여기에 포함될 수 있다. 이런 실험을 통해 사람들은 정당한 권리를 확보했다.

이 문제는 세대 문제에도 적용된다. 기존 법과 규칙이 기성 세대의 권리만을 보장할 경우, 시민들은 입법자로서 특정한 사람들을 배제한 제도에 저항할 수 있어야 한다. 아울러 이런 대의를 위해 일상을 실험할 권리도 있어야 한다. 그래야 새로운 규칙(법)을 만들 수 있다. 이런 권리를 시행할 수 있는 장소가 바로 도시며, 이런 권리를 도시의 권리라 한다. 이런 긴장감을 자아내는 힘을 나는 '임계의 공공성'이라고 했다. 스쾃과 세습임대는 그 대표적 사례 중 하나다. 이렇게 세워진 법은 더 많은 사람들에게 권리를 보장할 수 있어야 하고, 더 취약한 사람들의 취약성을 해소할 수 있어야 한다. 그래야만 인간이 존엄하게 자신의 삶을 살며, 자기 삶을 결정할 수 있다. 이런 권리가 바로 인권이다. 아렌트는 인권을 '권리를 가질 권리'라고 했다.

부산의 또따또가 예술촌은 함부르크와도 밀접한 관계를 맺으며 현재도 활발히 활동하고 있다. 우리의 감각을 조금 더 넓히면, 모든 공적 공간은 모두에게 열려야 한다. 새로운 세대로서 청년들 역시 도시의 주인이자, 도시의 권리를 갖는다. 하지만, 청년들이 자유롭게 쓰고 결정할 수 있는 인프라는 없다. 도시가 모두의 것이라면, 도시는 '소유권'보다 '사용권'을 더 중시해야 한다. 우리는 여기서 공/사의 경계를 다시 생각해야 한다. 이 경계가 얼마나 유동적인지, 그리고 이 유동성을 좌우하는 것이 바로 관의 힘이 아니라 시민의 공적 저력이라는 것도 생각해야 한다.

청년이 사용하고 결정할 수 없는 도시는 정의로운 도시가 아니다. 내가 등록금을 내는 대학을 내가 자유롭게 쓸 수 없는 것 역시 공정한 대학이라 할 수 없다. 대학의 공공성은 모든 대학 구성원에 열려 있어야 한다. 그 대학은 이동 장애인들도, 유학을 온 유학생들도 공평하게 열려 있어야 한다. 혹 이런 권리가 하나라도 충족되지 않거나, 빼앗겼다고 생각한다면, 여러분은 아직 이 대학의 주인도 아니며, 권리를 가진 주체도 아니다.

바로 여기가 우리가 출발해야 할 지점이다. 취약한 존재는 기존 공공성으로서 '현실적 공공성'이 가진 결점을 알려주는 임계의 힘을 가지고 있다. 나는 이를 공적 '가능성'이라 했다. 그런 점에서 청년은 이 도시에서 '임계적 힘'의 주체라 할 수 있다. 비록 이런 힘을 행사할 수 있는 인프라를 기존 주체가 충분히 제공하지 않았을 테지만, 그럴수록 기존 질서와 달리 내 삶을 실험하고 싶은 욕망은 커진다. 나는 바로 이 순간이 새로 등장하는 세대(청년)의 공적 저력(포텐)이 터질 시기가 아닐까 생각한다. (김동규)

제3부

감각하는 청년

욕망과 유희 사이에서

도파민 세대라는 오해
- 청년의 미디어를 다시 읽기

왜 우리는 청년의 미디어를 걱정하는가

청년의 미디어 이용을 바라보는 기성세대의 시선은 언제나 '걱정'과 '염려'로 가득 차 있다. 숏폼 영상은 도파민 중독을 부르고, 스마트폰은 집중력을 파괴하며, SNS는 허영과 비교를 양산하고, 메신저 중심의 소통은 결국 고립을 낳는다는 평가가 대표적이다. 요즘 청년의 미디어 이용을 두고 기성세대는 쉽게 '도파민 중독', '숏폼 중독', '보여주기식 삶', '깊이 없는 관계'라는 진단을 내린다. 청년은 흔히 미디어에 길들여진 세대, 깊이 없는 관계에 갇힌 세대, 불안과 우울에 취약한 세대로 묘사된다.

이러한 진단은 언뜻 보면 설득력을 가진다. 실제로 청년의 일상은 스마트폰을 중심으로 돌아가며, 영상과 알림, 메시지가 쉴 새 없이 이어진다. 지하철에서도, 학교에서도, 집에서도 화면은 늘 손 안에 있다. 자연히 "저 친구들, 이렇게 살아도 괜찮은가"라는 질문이 따라붙는다.

그러나 이러한 진단은 청년의 현실을 정확히 설명하고 있는가. 어쩌면 변화한 미디어 환경에 청년들이 적응하는 모습을 여전히 과거의 기준으로만 해석하고 있는 것은 아닐까.

사실, 새로운 미디어가 등장할 때마다 걱정과 염려는 늘 반복되어 왔다. 텔레비전은 한때 '바보상자'로 불렸고, 만화책은 청소년의 정신을 좀먹는 범죄의 씨앗처럼 취급되었으며, 컴퓨터 게임은 중독이라는 이름으로 청소년 비행의 주범으로 간주됐다. 그러나 돌이켜 보면 그 모든 경고는 늘 새로운 매체를 둘러싼 '도덕적 공포'의 반복이었다. 지금 청년의 미디어 이용을 둘러싼 담론 역시 이 오래된 패턴 위에 올라서 있는 것은 아닐까.

청년의 미디어 이용을 단순한 '중독'이나 '퇴행'의 문제가 아니라, 정보를 습득하는 방식, 자아를 형성하는 방식, 타인과 관계 맺는 방식이 동시에 재구성되고 있는 과정으로 볼 때 우리는 미디어뿐 아니라 청년의 가능성을 새롭게 발견할 수 있을지도 모른다. 지금 우리가 목도하고 있는 것은 한 세대의 '문제 행동'이 아니라, 미디어 환경의 급격한 전환 속에서 나타난 새로운 적응 양식일 수도 있기 때문이다. 이 글은 그 변화를 인지 및 정보 습득, 자아 정체성, 관계성과 소통이라는 세 가지 측면에서 살펴보고자 한다.

뇌는 망가진 것이 아니라 다른 방식으로 작동한다

청년의 사고 능력에 대한 대표적인 비관론은 니콜라스 카 (Nicholas Carr)의 『생각하지 않는 사람들(The Shallow: What the Internet is doing to our brains)』(2011/2011)에서 잘 드러난다. 그는 인터넷과 하이퍼링크, 끊임없는 알림이 인간의 뇌 구조 자체를 변화시키며, 깊이 있는 사색과 집중, 즉 '딥 리딩(Deep Reading)'의 능력을 파괴한다고 경고한 바 있다. 우리는 더 이상 한 텍스트에 오래 머물지 못하고, 훑어보기(skimming)에만 익숙한 '얄팍한 지성인'이 되어가고 있다는 것이다. 여기에 더해 만프레드 슈피처(Manfred Spitzer)는 『디지털 치매(Digitale Demenz)』(2012/2013)에서 디지털 기기에 대한 의존이 기억력과 사고력의 감퇴를 불러온다고 주장한다. 전화번호를 외우지 않고 내비게이션 없이는 길을 찾지 못하는 현상은 단순한 편리함의 문제가 아니라, 뇌의 퇴화라는 것이다. 데이비드 레비(David Levy)가 말한 '팝콘 브레인(popcorn brain)'이나 2024년 옥스퍼드대학교가 선정한 올해의 단어 '뇌 썩음(brain rot)'과 같은 개념 또한 오늘날의 미디어 환경에서 즉각적인 자극에만 반응하고, 느린 현실은 견디지 못하는 뇌의 상태를 병리적으로 규정한다.

현대의 미디어 환경을 살아가는 모든 세대가 영향을 받고 있음에도 불구하고, 이러한 논의는 유독 청년 세대의 인지 능력이 망가지고 있다는 진단으로 수렴된다. 청년 세대의 뉴스 이용률이나 전반적인 문해력이 낮다는 '객관적인' 수치가 종종 이를 뒷받침하는 자료로 인용된다. 종이 신문을 정기적으로 읽는 청년은 드물고, 긴 글을 끝까지 읽기보다는 요약본이나 영상 뉴스를 선호하는 경향도 뚜렷하다. 이 경고는 결코 가볍게 넘길 수 있는 문제는 아니다. 실제로 긴 글을 끝까지 읽어내는 집중력이 약화되었고, 깊이 있는 사색을 요구하는 활동이 줄어든 것도 사실이다.

문제는 이 현상을 오직 '퇴화'나 '중독'으로만 설명하는 데 있다. 어쩌면 청년의 정보 습득 방식은 단순히 얕아진 것이 아니라, 완전히 다른 방향으로 재구성되고 있는지도 모른다. 이를 제대로 이해하는 것은 걱정과 염려로 현상을 단정해버리는 것보다 훨씬 중요하다.

오늘날 청년이 살아가는 환경은 전례 없는 정보 과잉 상태다. 뉴스, 영상, SNS, 메시지가 동시에 쏟아지는 환경에서 한 가지 정보에 오래 머무르는 것 자체가 오히려 비효율적일 수 있다. 이 속도와 밀도 속에서 살아남기 위해서는 방대한 정보 속에서 핵심만 빠르게 포착하는 능력이 필요해진다. 훑어보기는 산만함의 징후라기보다, 과잉 정보 사회에서 요구되는 생존형 인지 기술인지도 모른다.

또한 청년은 텍스트만 읽는 존재가 아니라, 영상, 음향, 자막, 이모티콘, 밈의 맥락을 동시에 해독하는 멀티모달 리터러시(multimodal literacy)를 자연스럽게 구사한다. 하나의 메시지는 더 이상 글자만으로 전달되지 않으며, 감각적 요소들이 중첩된 상태에서 의미가 구성된다. 청년 세대가 뉴스에 무관심하고 무지하기보다는, 더 다양한 경로로 뉴스를 이용하고 더 다양한 잣대로 뉴스를 평가한다는 여러 연구들이 이를 뒷받침한다. 청년은 포털, 유튜브, SNS, 커뮤니티, 1인 미디어 등 다양한 통로를 통해 뉴스를 접하며, 기존 언론이 제공한 정보만이 아니라 이용자 반응, 해석, 맥락까지 동시에 소비한다. 이는 기존의 통념과는 다른 방식으로 정보를 선택하고, 습득하며, 반응하는 모습으로, 다른 형태의 문해력이라 불러야 할지도 모른다.

숏폼 역시 단순한 자극 소비의 산물로만 볼 수 없다. 15초 안에 메시지를 전달하고, 웃음을 만들고, 생각을 압축하는 것은 사고력의 붕괴를 야기할 수도 있지만, 동시에 압축적 사고와 표현의 훈련이 되기도 한다. 누구나 창작자가 될 수 있고 누구나 발화할 수 있는 환경에서 청년은 더 이상 수동적 존재가 아니라 자신만의 스토리를 창작하는 주체다. 여러 정보를 넘나들며 자신만의 스토리를 만들어내는 방식 속에서 지식의 종류도 달라지고 있다. 청년 세대의 '덕후'들은 마블 시네마 유니버스(Marvel Cinematic Universe)나 BTS의 세계관처럼, 영화, 드라마, 예능, 음반, SNS, 2차 창작이 얽힌 '트랜스미디어 스토리텔링(transmedia storytelling)'의 세계를 기성세대의 평론가보다 훨씬 더 잘, 깊이 이해한다. 서로 다른 매체에 흩어진 이야기 조각들을 연결하고, 맥락을 복원하며, 의미를 확장하는 능력은 소수의 기성 전문가가 아니라 항시 접속되어 있는 청년 세대에게 더 넓게 열려 있다. 여러 플랫폼에 흩어진 이야기

조각들을 연결하며 능동적으로 의미를 구성하는 것은 한 권의 책을 정독하는 능력과는 다른 방식이지만, '사고하지 않는 상태'라고 보기는 어렵다.

물론 이러한 변화가 아무 위험도 없다는 뜻은 아니다. 짧은 자극에 익숙해질수록 집중의 지속 시간은 줄어들 수 있고, 알고리즘이 제공하는 정보에 과도하게 의존할 경우 선택의 폭이 오히려 좁아질 위험도 있다. 그러나 그럼에도 불구하고 청년의 인지 변화를 전면적인 퇴화로만 해석하는 것은, 이 변화가 지닌 적응의 측면과 창조적 가능성을 지나치게 단순화하는 일이다. 청년의 사고는 '얕아진 것'이 아니라, 속도와 연결 중심의 환경에 맞게 재설계되고 있는 중일지도 모른다. 청년이 사고하는 방식은 '얄팍한' 것이 아니라 '고효율 처리'를 향해 진화하는 중일 수도 있다. 문제는 변화 자체가 아니라, 그 변화를 바라보는 해석의 틀인지도 모른다.

보여주기는 허영이 아니라 생존이다

청년의 SNS 이용은 흔히 '보여주기식 삶'과 '나르시시즘'이라는 언어로 설명된다. '관종'이 오히려 칭찬처럼 쓰이는 세대, 인플루언서를 롤모델로 삼는 세대, 멀티 프로필 관리에 익숙한 세대라는 표현은 청년의 자기 표현이 얼마나 요란하고 과잉되어 보이는지를 상징적으로 보여준다. 끊임없이 타임라인에 자아를 노출해

야 하는 시대, 자기 자신을 관리하지 않으면 안 되는 시대에 청년
은 스스로를 하나의 콘텐츠이자 브랜드처럼 다루고, 기성세대는
그 허세와 불안을 염려한다.

이러한 우려는 통계적 근거를 동반하기도 한다. 진 트웬지
(Jean Twenge)는 『iGen』(2017)을 통해 스마트폰의 보급 이후 청소
년과 청년의 우울과 불안이 통계적으로 급증했음을 지적하며, 스
마트폰이 세대 전체를 정신적으로 취약하게 만들고 있다고 주장
한다. 또 조너선 하이트(Jonathan Haidt)는 『불안 세대(The Anxious
Generation: How the great rewiring of childhood is causing an epidemic of
mental illness)』(2024/2024)에서 놀이를 통해 몸으로 세계를 배우
던 아동기가 소멸하고 휴대폰 기반의 아동기가 도래했으며, SNS
알고리즘이 끝없는 사회적 비교를 유도해 10대들의 자존감과 정
신건강을 갉아먹고 있다고 진단한다. '카페인 우울증'[1]이나 '포모
(FOMO) 증후군'[2]과 같은 신조어는 타인의 행복한 일상이 불러오
는 상대적 박탈과 소외의 감정을 상징적으로 보여준다.

이 역시 결코 가볍게 볼 수 없는 현실이다. 비교는 분명 불안
을 낳고, 과시적 이미지의 홍수는 자기 비하를 강화하기도 한다.
그러나 청년의 SNS 이용을 오직 '허세'와 '인정 중독'으로만 해석

---

1   '카페인'은 카카오스토리와 페이스북, 인스타그램의 앞 글자를 딴 신조어로, 다
른 사람의 SNS를 보며 상대적 박탈감이나 우울감을 느끼는 현상을 말한다.

2   'FOMO'는 'Fear of Missing Out'의 약자로, 소외되거나 뒤처지는 데 대해 두려
움과 불안을 느끼는 심리를 말한다.

하는 순간, 우리는 그 안에서 벌어지고 있는 보다 복합적인 정체
성의 실험을 놓치게 된다.

가령 SNS는 단순한 자랑의 공간이 아니라, 다양한 자아를 실
험하고 사회적 자본을 축적하는 포트폴리오의 장이기도 하다. 청
년은 더 이상 학교나 직장에서 요구되는 공식적 역할만으로 자신
을 설명하지 않는다. 취미, 취향, 가치관, 감정 상태에 따라 다양한
'부캐'를 만들고, 이를 통해 자아를 확장한다. 이는 분열이라기보
다, 자아의 다층화에 가깝다. 하나의 고정된 자아 대신, 상황과 맥
락에 따라 변주되는 자아를 통해 청년은 자신이 누구인지를 끊임
없이 탐색한다.

자신의 일상을 기획하고 연출하는 능력은 더 이상 쓸모없는
'잉여짓'이 아니다. 이미지와 영상, 문구를 통해 자신을 하나의 콘
텐츠로 구성하고 관리하는 능력은 오늘날 노동시장과 문화산업
에서 점점 중요한 가시성의 기술, 즉 퍼스널 브랜딩 역량으로 전
환되고 있다. 취업 포트폴리오뿐만 아니라, 유튜브 채널, 인스타
그램 계정, 블로그는 모두 하나의 이력서가 되고, 플랫폼 노동 환
경에서 '보여줄 수 있는 나'는 곧 생존과 직결된다. 기록과 아카이
빙 역시 마찬가지다. 일상을 사진과 영상으로 남기는 행위는 단
순한 과시가 아니라, 평범한 순간에 의미를 부여하는 의식적 실천
(rituals)일 수 있다.

청년의 자기 표현은 '나르시시즘'의 허영만이 아니라, '멀티 페
르소나의 포트폴리오'를 통해 불안정한 사회에서 자기를 유지하

고 증명하려는 정체성 장치이기도 하다. 불확실한 미래 속에서 청년은 이렇게라도 자신의 삶을 붙잡고, 해석하고, 버텨 나가고 있는지도 모른다. 이 장면에서 청년의 불안만큼이나, 그 불안을 관리하고 견뎌내는 능력을 함께 바라볼 필요가 있다.

단절된 것이 아니라 느슨해진 것이다

디지털 소통이 인간관계를 황폐화시킨다는 진단 또한 오래된 문제 제기다. 셰리 터클(Sherry Turkle)은 『외로워지는 사람들(Alone Together: Why we expect more from technology and less from each other)』 (2012/2012)에서 우리가 기술을 통해 끊임없이 연결되어 있지만 정작 얼굴을 맞대는 대화는 회피하고 있으며, 결국 '군중 속의 고독'에 빠지고 있다고 비판했다. 메신저와 SNS는 통제 가능한 관계만 남기고 불편한 감정과 갈등은 차단하게 만들며, 그 결과 우리는 모두와 함께 있지만 홀로 있는 것과 같은(alone together) 상태로 살아간다는 것이다.

이러한 미디어 환경에 대한 진단은 종종 청년 세대에 대한 '사회성 부족' 담론으로 확장된다. 전화를 극도로 싫어하는 '콜 포비아(Call Phobia)', 상사의 갑작스러운 요청에 "이걸요, 제가요, 지금요?"라고 되묻는 청년 세대의 태도를 무례함이나 책임감 결여로 해석하는 시선, 제대로 된 관계를 맺지 못하고 온라인에만 숨는 세대라는 낙인도 그 예다. 디지털 소통에 익숙한 청년은 감정 노동에 취약하고 대인관계에서 회피적인 존재로 묘사되곤 한다.

그러나 청년의 비대면 소통은 단순한 회피라기보다, 새로운 효율과 배려의 방식일 수 있다. 청년 세대가 통제 가능한 관계를 선호하는 것은 책임 회피가 아니라, 오히려 개인의 경계를 설정하는 능력(boundary setting)이 정교해지고 있다는 징후일 수 있다. 가령 전화는 상대방의 시간을 즉각적으로 점유하는 소통 방식이지만, 메시지는 상대가 자신의 리듬과 감정 상태에 맞추어 응답할 수 있는 여지를 남긴다. 이 점에서 청년 세대의 '콜 포비아'는 불필요한 감정 노동과 즉각적 대응의 부담을 줄이고 준비된 상태에서 자신이 감당할 수 있는 방식으로 관계를 조율하려는 태도이자 상대의 시간과 에너지를 존중하는 배려의 기술로 기능하기도 한다. 이는 소통을 거부하는 무례함이 아니라, 과도한 요구와 속도로부터 자신을 보호하려는 전략일 수도 있다. 언제든 연락 가능한 상태가 되어야 하는 상시 대기 사회에서, 청년은 자신의 한계를 스스로 설정하며 관계의 경계를 협상하고 있는 셈이다.

청년의 관계가 '깊지 않아서 문제'임을 이야기하기 전에, 깊이의 기준 자체가 달라지고 있을 가능성을 고려할 필요가 있다. 전통적으로 관계의 깊이는 빈번한 만남, 개인적 비밀의 공유, 헌신과 희생 같은 요소를 통해 측정되어 왔다. 이러한 기준은 대체로 지연·학연·혈연처럼 강제적이고 수직적인 관계 구조에서 형성된 것이었다. 반면 청년 세대가 취향과 관심사, 가치관을 중심으로 형성하는 관계는 수평적이며 희생이나 밀착을 전제로 하지 않는다. 깊이는 약할 수 있지만, 연결은 넓고 빠르게 확장된다. 마크 그라노베터(Mark Granovetter)가 1970년대에 이미 '약한 연결의 힘 (the strength of weak ties)' 개념을 통해 이야기했듯, 이러한 약한 연결은 정보 공유와 기회의 확산, 사회적 이동성 측면에서는 오히려 더 강력한 힘을 발휘하기도 한다. 청년 세대의 인맥은 더 이상 몇 개의 굵은 줄로 구성되지 않고, 수많은 가는 선들로 그물처럼 확장된다. 이와 같은 느슨한 네트워크는 단순한 '깊이 없음'이 아니라, 정보 확산과 기회 접근이라는 실질적인 사회적 자산의 성격을 띤다.

이러한 관계 양식의 변화는 정치 참여 방식에서도 분명하게 드러난다. 청년 세대의 정치적 참여는 더 이상 정당 가입이나 장기적 조직 활동 같은 '강한 결속'의 형태에만 머물지 않는다. 대신 해시태그 운동, 온라인 서명, 특정 이슈에 대한 일시적 연대, 팬덤 기반의 기부와 보이콧처럼 느슨하고 유연한 연대의 형식으로 전개된다. 청년은 물리적 공간을 넘어 환경, 인권, 젠더, 차별 문제를 중심으로 실시간 연대를 형성해 왔다. 연대는 특정 사안이 부상할 때 빠르게 결집되었다가, 이슈가 해소되거나 관심이 분산되면 해체된다. 이 방식은 기존의 조직화된 정치 활동에 비해 지속성은 약할 수 있지만, 민첩성과 확장성, 그리고 개인의 일상과 사회 참여를 동시에 유지할 수 있는 유연성을 갖는다. 이는 '무관심'이 아니라, 새로운 정치 참여 방식에 가깝다. 청년의 활동은 단순한 '온라인 놀이'를 넘어, 디지털 시민성을 새롭게 실천하는 구체적인 장면들로 발현되고 있다.

결국 오늘날 청년의 관계는 '끊어진' 것이 아니라, 느슨해지고, 넓어지고, 더 많이 연결되는 방식으로 변형되고 있을 뿐인지도 모른다. 직접 마주 앉아야만 성립하던 관계는 이제 공간의 제약을 넘어 확장되고, 깊이는 희생의 강도가 아니라 가치의 공유와 실천에서 새롭게 정의된다. 함께 있되 반드시 같은 공간에 있을 필요는 없으며, 고립된 듯 보이지만 동시에 전례 없이 넓은 세계와 연결되어 있는 것, 그것이 오늘날 청년의 관계 양식이다.

문제는 '청년'이 아니라 '해석'이다

청년의 미디어 이용은 종종 뇌의 붕괴, 정신 건강의 해체, 관계의 단절이라는 병리적 언어로 설명되곤 한다. 그 우려의 일부는 분명 현실적인 근거를 갖고 있다. 과도한 비교는 불안을 키우고, 과잉 연결은 피로를 낳으며, 즉각적인 자극은 장기적 집중을 어렵게 만든다. 실제로 많은 청년이 피로, 무기력, 불안, 주의 분산을 호소하고 있고, 그 감정의 상당 부분은 미디어 환경과 무관하지 않다. 그러나 동시에 우리는 다른 장면도 함께 보고 있다. 청년은 정보 과잉 사회에 맞는 인지 방식을 스스로 조정하고, SNS를 통해 자아를 실험하며, 취향과 가치 중심의 새로운 연대를 만들어가고 있다. 위기와 가능성은 언제나 동시에 존재한다.

따라서 청년의 미디어 이용은 단순한 중독이나 퇴행으로 환원될 수 없다. 그것은 정보를 습득하는 방식, 자아를 구성하는 방식, 타인과 연결되는 방식이 동시에 재편되고 있는 역사적 전환의 과정에 가깝다. 스크롤은 단지 도파민을 자극하는 행위가 아니라, 정보 환경에 적응하기 위한 선택적 탐색의 기술이기도 하며, 보여주기는 허영이면서 동시에 불안정한 사회에서 자신을 증명하려는 존재의 전략이기도 하다. 느슨한 연결은 고립처럼 보이지만, 동시에 기존의 강제적 관계 질서에서 벗어나 자신이 선택한 관계로 삶을 재구성하려는 시도이기도 하다.

그럼에도 불구하고 우리는 청년의 미디어 이용을 너무 쉽게 '통제'의 대상으로만 상정한다. 사용 시간 제한, 중독 예방 정책, 유해 콘텐츠 차단과 같은 논의는 늘 빠르게 등장한다. 물론 보호는 필요하다. 그러나 문제는 이해 없는 보호가 쉽게 불신과 저항으로 바뀌고 만다는 점이다. 오늘날 우리 사회가 당면한 세대 갈등의 이면에는 이러한 몰이해와 불신이 자리하고 있는지도 모른다.

따라서 무엇보다 중요한 것은, 지금 벌어지고 있는 변화가 단순히 개인의 취약성에서 비롯된 문제가 아니라, 경쟁이 구조화된 사회, 미래가 불확실한 노동 환경, 고립된 주거 조건, 취약한 사회적 안전망 속에서 나타난 적응의 방식이라는 점을 함께 바라보는 일이다. 미디어는 원인이기도 하지만, 동시에 그 구조적 불안을 견디기 위해 청년이 선택한 도구이기 때문이다.

어쩌면 지금 우리에게 정말 필요한 것은 단순한 규제나 통제가 아니라, 이 새로운 문법을 이해하려는 사회적 상상력의 전환일지도 모른다. "왜 그렇게 오래 휴대폰을 보느냐"라는 질문 대신, "그 안에서 무엇을 보고 있고, 어떤 이야기를 나누고 있으며, 무엇을 견디고 있는가"를 묻는 일 말이다. 청년의 미디어를 걱정의 대상으로만 바라볼 것이 아니라, 그 속에 담긴 감정, 전략, 욕망, 연대의 가능성을 함께 읽어낼 수 있을 때, 세대 간의 진짜 대화도 시작될 수 있을 것이다.

문제는 청년이 아니라, 여전히 과거의 기준으로 현재를 해석하려는 우리의 시선일 수 있다. 청년은 이미 달라진 세계의 속도와 감각에 맞추어 살아가고 있는데, 우리는 아직도 이전 세대의 언어로 그들을 이해하려 하고 있는지도 모른다. 결국 지금 필요한 것은 청년을 바꾸려는 시도가 아니라, 청년을 읽는 우리의 방식이 바뀌는 일일 것이다. 염려와 비난을 넘어, 다시 읽고 해석할 차례다. (이소은)

15초의 욕망
- 중국 숏폼 드라마가 그리는 세계

중국의 숏폼 드라마

바야흐로 숏폼의 시대다. 스마트폰으로 숏폼 콘텐츠를 시청하다가 시간이 훌쩍 지나가 버리는 일은 현대인에게 이제 일상이다. 숏폼 콘텐츠의 등장이 기존 콘텐츠 산업에 끼친 영향은 대단했다. 짧게는 30초, 길게는 몇 분까지, 숏폼 분량에 익숙해진 사람들에게 한자리에 앉아서 한두 시간 분량의 영화나 드라마를 처음부터 끝까지 본다는 건 긴 인내심을 요구하는 일이 되어 버렸기 때문이다. 에피소드 하나당 10~15분 분량이지만, 비교적 명확한 주제와 연속성 있는 스토리로 구성된 숏폼 드라마의 등장도 어쩌면 자연스러운 흐름이었다.

오늘날 숏폼 드라마는 세로형 화면, 터치 기반의 인터페이스 운용 등 모바일 시청에 최적화되어 있다. 숏폼 드라마는 매체의 물질적 층위에서는 스크린의 파편화가, 텍스트 내부에서는 서사

층위의 파편화가 발생한다고 볼 수 있다. 이같은 특징은 숏폼 드라마를 시청하고 소비하는 사람들의 생활 방식과도 관련이 깊다. 긴 분량의 영상을 시청할 시간적, 정서적 여유도 없는 파편화된 삶을 반증하기 때문이다.

현재 숏폼 드라마 제작과 소비가 폭발적인 성장세를 보이고 있는 국가 중 하나가 바로 중국이다. 2020년 전후 본격적으로 등장한 중국의 숏폼 드라마는, 상대적으로 저렴한 제작비 대비 엄청난 흥행을 거두는 콘텐츠들이 속속 나오며 현재 중국 콘텐츠 시장의 성장을 견인하고 있다. 한 기사에 따르면, 2023년 중국 숏폼 드라마 시장은 전년 대비 267.65% 증가한 373억 9,000만 위안(약 6조 8,000억 원)을 기록하며 2027년까지 1,000억 위안(약 18조 원) 규모로 성장할 것으로 예측된다. 2024년 중국의 주요 동영상 플랫폼에서 신규 방영한 숏폼 드라마는 총 1,424편이며, 2024년 12월까지 숏폼 드라마 이용자는 대략 6.62억 명에 달한다. 특히 숏폼 드라마는 중국의 젊은 세대가 즐겨 시청하는 대표 콘텐츠로 자리 잡았다. MZ 세대의 숏폼 영상 열풍과 더불어, 고등학생과 대학생, 그리고 직장 초년생들에게 숏폼 드라마가 큰 인기를 끌고 있다.

중국의 청년 세대는 숏폼 드라마의 주 소비자이자 수용자일 뿐 아니라, 숏폼 드라마를 제작하기도 하고, 숏폼 드라마의 주인공이기도 하다. 숏폼 드라마라는 형식이 중국에 처음 등장했을 때부터 '청년 문화'와 밀접한 연관성이 있었던 만큼, 숏폼 드라마를 통해 중국 청년의 문화 및 감정 구조와 그 변화의 흐름을 포착하는 작업이 충분히 가능하지 않을까?

<정말 뜻밖인걸(万万没想到)>과 청년 하위문화

중국에서 현재 형식의 숏폼 웹드라마는 대략 2013년 무렵에 처음 등장하기 시작했다. 그 때는 지금의 틱톡(抖音, Tiktok)이나 콰이서우(快手, kwaishou)처럼 숏폼 콘텐츠 플랫폼이 운영되지 않을 때였다. 이 시기 등장한 웹드라마 〈정말 뜻밖인걸〉은 당시에는 생

<정말 뜻밖인걸>의 캡쳐 화면. 출처: YOUKU

소한 방식, 즉 매회 5분 정도 분량이 일주일에 두세 편씩 동영상 플랫폼인 유쿠(优酷)에 업로드되며 젊은 세대에게 상당한 반향을 얻었다. 2013년 방영 당시 인기 웹드라마 순위 1위, 처음 업로드된 8월부터 12월까지 총 3.39억 뷰를 기록할 정도였다.

〈정말 뜻밖인걸〉은 자칭 댜오스(屌丝, 외모가 평범하고, 수입이 적은 편이며, 뒷배경과 여자친구가 없는 젊은 남성이 자조적으로 부르는 호칭)인 주인공 왕다추이(王大锤)가 취업, 연애, 학교생활 등에서 겪는 여러 현실 문제를 유머와 풍자로 표현한 영상 시리즈다. 엉성한 편집과 서유기, 삼국지, 백사전 등 중국 고전 작품 속 주인공과 장면들을 당시 유행하던 인터넷 유머와 B급 감성으로 패러디하며 '고전'에 대한 일종의 전복적 태도를 드러낸다. 독특한 패러디, 비꼬기, 자기비하, 정제되지 않은 날것의 연기와 영상 등은 당시 중국 청년들이 공유하던 하위문화의 상상력과 해학을 유감없이 발휘한다.

<대영박물관을 탈출하다(逃出大英博物馆)>와 청년 세대의 민족주의

최근 중국에서 달인(达人) 숏폼 드라마 중 가장 큰 화제를 모은 콘텐츠로는 2023년 업로드된 〈대영박물관을 탈출하다〉을 꼽을 수 있다. 엉성한 편집과 과한 민족주의, 그리 높지 않은 완성도에도 불구하고 발표 첫날 500만 건 이상의 좋아요를 받았으며, 본편 출시 5일 만에 틱톡에서 조회수 2억 5천만 회를 돌파했다. 달인은 숏폼 드라마 콘텐츠 플랫폼에서 전문적으로 숏폼 드라마를 제작하는 크리에이터 또는 팀을 지칭한다.

두 명의 90년대생 온라인 블로거인 샤텐메이메이(夏天妹妹)와 젠빙궈자이(煎饼果仔)가 자발적으로 제작한 이 영상은 대영박물관을 탈출한 중국 고대의 옥주전자(玉壺)가 사람으로 변신하고, 런던을 방문한 중국 기자의 도움을 받아 고향(중국)으로 돌아간다는 이야기를 다룬다. 드라마는 중국 매체와 네티즌들이 꾸준히 제기했던 '문화재 반환' 주제를 전면에 내세우고 있다. 2023년 중국의 여러 매체가 대영박물관에서 벌어진 해외 문화재 도난 사건을 다루면서, 인터넷과 소셜 미디어에서는 문화재 반환 여론이 강하게 제기된 바 있다.

〈대영박물관을 탈출하다〉의 제작 동기 역시 문화재 반환 여론과 밀접한 관련성이 있다. 인터넷이나 소셜 미디어에서 문화재 반환을 소재로 한 영화나 드라마 등이 제작되어 더 많은 사람들의 관심을 끌어야 한다는 글을 남기자, 제작자 중 한 명인 젠빙궈자이가 이에 '기다려'라고 답했다. 이후 두 제작자는 3개월 동안의 자료 조사를 거친 뒤 쇼츠 드라마를 촬영하게 됐다고 밝혔다.

중국 기자의 도움으로 고향으로 돌아온 옥주전자는 베이징, 청두 등을 여행하며 고향의 아름다고 평화로운 풍경과 맛있는 음식을 만끽한다. 마지막으로 중국의 박물관을 찾아간 옥주전자는 그녀가 이역만리인 런던에서 다시 고향으로 돌아올 수밖에 없었던 중요한 임무를 수행한다. 그 임무란 여전히 대영박물관에 전시되어 있는 중국 유물들의 편지를 중국 박물관에 있는 유물에게 전해주고, 그들의 목소리를 대신 들려주는 일이었다. 중국의 문화유산들은 고향으로 돌아온 옥주전자를 반갑게 맞이한다. 드라마는 박물관의 문화유산들이 해외 박물관에 있는 문화유산들을 얼마나 그리워하는지, 그들의 조국이 얼마나 위대한지 절절히 외치면서 끝이 난다.

<대영박물관을 탈출하다>의 캡쳐 화면. 출처: YOUTUBE

〈대영박물관을 탈출하다〉의 제작 과정과 주제, 그리고 열광적 반응은 현재 중국의 청년 세대가 숏폼 드라마를 통하여 어떻게 민족주의를 재생산하는지 보여준다. 〈대영박물관을 탈출하다〉는 국가의 정책이나 제도의 의해 생산된 콘텐츠가 아니라, 기성 세대의 민족주의와는 다른 감정구조 속에서 주체적으로 생산된 콘텐츠라는 점에서 그 의미를 찾을 수 있을 것이다.

중국 숏폼 드라마의 청년 재현 방식

숏폼 드라마의 영향력이 확대되면서, 최근 중국 청년들의 숏폼 드라마 제작은 제도권 안에서 이뤄지고 있다. 일부 플랫폼에서는 '전국 대학생 숏폼 드라마 제작 대회'를 개최하며 대학생의 숏폼 드라마 제작을 독려하기도 했으며, 일부 지역에서는 교육 관련 위원회와 대학생이 공동으로 숏폼 드라마를 제작하는 프로그램을 만들기도 했다. 또한 대학에서는 숏폼 드라마 제작 관련 수업이 개설되며, 학생들의 관심을 끌었다. 하지만 이처럼 제도권 안에서 주류화된 숏폼 드라마는 현재의 청년 세대와 과거의 청년 세대 간의 소통을 주제로 하거나 꿈을 위해 분투하는 청년을 주인공으로 설정하는 등, 청년 세대를 전형적이면서도 긍정적으로만 그리고 있다는 한계를 보인다.

한편 최근 중국에서 '청년'과 관련하여 주목할 만한 숏폼 드라마 콘텐츠로는 전통 공예 부흥과 농촌에서의 청년 창업, 지역 관광 홍보 등을 꼽을 수 있다. 중국에서 미디어와 방송, 출판, 영화 산업을 총괄 관리하는 기관인 국가광전총국에서도 농촌 진흥과 지역 관광 산업과 관련된 숏폼 콘텐츠 제작을 장려하면서, 관련 콘텐츠의 제작도 늘어나고 있다. 흥미로운 점은, 이러한 콘텐츠의 주인공으로 농촌에서 전통 예술 또는 지역 문화의 부흥과 확산을 위해 분투하는 청년들이 등장한다는 것이다.

드라마의 완성도가 높지는 않지만, 〈스탠포드에서 온 콧대 높은 촌장(傲娇村长来自斯坦福)〉은 해외 유학파 수칭허가 마을의 청년 이장과 함께 마을의 전통 도자기 공예와 현대의 은제 주전자 기술을 융합하여 농촌 마을을 부흥시키는 이야기를 담고 있다. 〈날아올라, 아쥐엔!(超越吧 ! 阿娟)〉은 농촌 출신의 청년이 대도시에서 사자춤 공연장을 운영하며 중국의 전통문화를 보존하려 노력하는 내용을 그린 드라마다. 뿐만 아니라 청년 개발자, 대리기사 등 중국 사회를 구성하는 다양한 직업의 청년들이 숏폼 드라마의 주인공으로 등장하기도 한다. 현대 중국 사회의 청년들이 종사하는 다양한 직종의 애환과 문제를 다루고 있지만, 유머러스하고 따뜻한 분위기의 드라마가 대부분이다. 〈코드로 만나다('码'上遇见)〉는 청년 개발자의 애환을 담은 숏폼 드라마이며 〈승객 여러분, 안녕하십니까?(亲爱的乘客, 你好)〉에서는 대리기사와 차량 호출 플랫폼 운전기사가 주인공이다.

중국 숏폼 드라마의 산업 규모가 점차 확대되고 많은 자본이 투입되면서, 숏폼 드라마의 완성도 역시 전체적으로 향상되었다. 숏폼 드라마의 사회적 영향력이 커지자 광전총국에서는 숏폼 드라마의 질적 완성도와 주제 등과 관련된 지침을 내렸고, 초창기 숏폼 드라마의 문제점을 지적되던 어색한 카메라 각도와 조악한 편집, 어설픈 연기, 그리고 지나치게 자극적이고 선정적인 장면은 더 이상 찾아보기 힘들어졌다. 하지만 그만큼 청년들이 그들의 감정 구조와 현실 인식을 자유롭게 표현할 수 있는 통로가 줄어든 것도 사실이다. 같은 맥락에서, 지금 중국의 숏폼 드라마는 다양한 청년들의 모습을 재현하려 애쓰고 있지만 그것이 얼마나 현실과 맞닿아 있는지는 좀 더 논의와 고찰이 필요할 것이다. (박은혜)

일본영화 속 청년들의 정동
- 불안과 유희 사이에서

일본 사회와 청년, 그리고 영화

일본영화가 청년들에 주목하기 시작한 것은 제2차대전이 끝나고 일본이 본격적인 산업화의 길로 들어섰을 때, 그리고 국가로서의 역할을 적극적으로 제시하기 시작했던 1950년대 중반 이후다. 그리고 일본의 젊은이들이 자신들에 대해 이야기하는 영화에 관심을 갖기 시작한 것은 1950년대 이후다. 토에이(東映), 토호(東宝) 등보다 늦게 재기했던 영화사 닛카츠(日活)는 타영화사들과 전속계약이 잡혀 있던 유명 배우, 감독들과 작업을 하지 못하는 상황이 되자, 오디션을 통해 신인들을 발굴하여 새로운 영화를 제작하였다. 대표적 작품이 〈태양의 계절〉(1956)이다. 뒤이어 〈미친 과실〉(1956)까지 등장하면서, 일본의 기성세대에 반항하고 대립하며, 폭력적이면서 성적 일탈을 행하는 젊은이들의 모습을 재현한 영화들이 인기를 끌게 된다. 이 영화들을 이른바 '태양족 영화'라고 부른다. 이 영화들의 인기에 힘입어, 이후 유사한 영화들이 제작되면서, 일본에서 청년영화라는 장르가 탄생하게 된다.

나는 청춘영화라는 매우 긍정적이면서 동아시아적인 (한자어로 표기되어 의미를 표출하는) 영화용어를 사용하지 않으려 한다. 일본 청년영화 속 젊은이들의 모습은, 새싹이 돋는 봄(春)의 푸르름(靑)을 담고 있는 청춘의 모습을 드러낸다고 하기에는 그다지 새롭거나 푸르다고 할 수 없기 때문이다. 일본의 수많은 성장영화[1]에 등장하는 활기차고 열정이 넘치며 위기를 극복해 나가는 청년들은, 그들이 속한 사회를 밝고 긍정적으로 보아내려고 애쓰는 자기계몽적 역할을 분명하게 가지고 있다. 하지만 나는 청년의 성장에 초점을 맞추기보다, 영화 속 일본청년들이 만들어내는 정동적 유희를 찾아보고, 일본사회라는 현실에서 청년을 수행해 내고 있는 감정을 가까이 들여다보고자 한다.

사회적 측면에서 영화의 성공은 관객의 사회적 요구를 반영하고 그들의 역동적인 감정에 공감했음을 의미한다. 즉 영화와 관객, 관객 상호 간에 감정적 순환이 존재한다는 것이다. 사라 아메드는 『감정의 문화정치』에서 감정은 대상이나 기호에 머무르지 않

---

1 젊은이가 등장한다고 해서 모두 청춘영화라고 부르기에는 일본에 청춘영화가 (애니메이션 포함) 너무 많다. 1년에 600편 이상의 영화가 만들어지고, 그중 반 이상의 작품들의 주인공들은 대부분 학생 또는 청년이다. 한국 관객들에게 익숙한 〈세상의 중심에서 사랑을 외치다〉 〈너의 이름은〉 등이 모두 청춘영화로 구분된다.

고 그 사이를 순환한다고 주장했다. 감정은 대상의 움직임을 따라 이동하며 사회적 순환을 만들고, 이를 통해 우리는 사회적 소속감을 느낀다. 따라서 정동은 개인 내부의 감정이 아니라 '매체, 공간, 타인, 사회구조'와의 접촉 속에서 활성화되는데, 극장에서의 영화 관람이 그 대표적인 행위다. 관객은 영화 속 청년의 움직임을 통해 개인적 감정을 넘어선 사회적 감정을 공유하게 되는데, 이것이 바로 '감정의 모빌리티'인 정동이다. 즉 정동은 단순한 심리 상태가 아니라 주체와 타자, 사회구조 간 상호작용 속에서 전염되고 전유되는 잠재적 힘으로 작동한다.

이런 맥락에서 나는 일본 젊은이들의 모습을 현실적으로 재현하는 청년영화에 주목하며, 이 영화들이 어떻게 관객들의 감정적 순환과 이동을 환기하는지, 어떤 정동을 일으키는지에 주목하려 한다. 영화를 통해 느낄 수 있는 즐거움은 영화 속 주인공들의 개별적 감정에서 나오는 것이 아니라, 관객과 영화와 사회가 상호작용하면서 발생하고 전파되는 정동적 유희로서의 감정이라 할 수 있다. 관객은 이러한 정동을 상상함으로서 영화적 즐거움을 찾게 된다. 2000년대 영화 〈카뮈 따윈 몰라〉(2006)와 2010년대 영화 〈카메라를 멈추면 안 돼!〉(2017)와 〈너의 새는 노래할 수 있어〉(2018)에서 드러난 정동적 유희가 어떻게 관객과 상호작용하는지, 그리고 어떤 방식으로 청년의 정동이 영화에 드러나는지 살펴보자.

2000년대, 사랑과 일에 성실했던 청년들

1995년부터 2000년까지 일본의 대중문화와 하위문화에는 전반적으로 사회적 혼란과 종말이라는 세기말 컬트적 분위기가 존재했다. 한신-아와지 대지진(1995년) 등의 자연재해, 오움진리교 지하철 사건(1995년) 등은 일본의 안전에 대한 불안감을 일으켰으며, 원조교제라는 단어가 등장한 것도 이 시기다. 그런데 이러한 세기말적 분위기는 2000년대 이후부터 변화하기 시작한다.

모닝구무스메, 하마자키 아유미 등의 대형가수들이 미래지향적이고 긍정적인 노래를 발표하면서 일본 대중음악 시장을 바꾸어 갔고, 2000년대에는 수많은 아이돌 가수들이 데뷔를 한다. 한국에서 본격적으로 아이돌 가수들이 등장한 것도 이 시기다. 캐릭터로 본다면 리라쿠마와 같은 치유하는 인형의 유행도, 하라주쿠의 갸루 문화의 번성도 그러하다.

영화 〈카뮈 따윈 몰라〉(2006)는 달라진 일본사회의 분위기 속에서 나온 영화다. 영화는 일본의 어느 캠퍼스에서 카메라가 대학생들을 따라가는 8분 정도의 롱테이크로 시작한다. 카메라는 정교한 구성으로 캠퍼스에서 이야기하고 공부하며 춤을 추는 학생들의 일상을 보여준다. 어느새 카메라는 주인공, 영화동아리에서 감독을 맡은 마츠카와(가시와바라 슈지)를 따라간다. 마츠카와는 영화제작의 목표를 가지고 있으면서 여자친구와의 관계를 멀리하려 하지만, 사실은 다른 여자들을 만나는 바람둥이다. 그와 5년 간 사귄 여자친구 유카리(요시카와 히나노)는 그와 결혼하고 아이를 낳고 싶어 하는 전통적으로 가정적인 여성으로 그려진다. 한편으로 그녀는 마츠카와에게 영화제작비를 빌려줄 만큼 경제적으로 우위에 있다.

영화는 월요일부터 다음 주 화요일까지 9일간 벌어지는 일을 다룬다. 대학생들의 촬영 준비는 매일 힘겨운 과정의 연속이며, 논쟁과 갈등도 끊이지 않는다. 시작하자마자 주연배우가 하차해 프로듀서 기요코(마에다 아이)는 대타 섭외와 로케이션 헌팅으로 눈코 뜰 새 없이 바쁘다. 제작을 위해 모인 20여 명의 관심사는 딱 두 가지, 영화와 연애다. 영화이론과 감독 이름을 줄줄 꿰는 씨네필의 면모, 그리고 연애담이 영화의 두 축을 이룬다. 이들에게 영화와 연애는 당면한 현실이자 서사의 중심이다. 또한 이들은 여기에 무척 진지해서, 누가 누구와 키스했는지 같은 사소한 감정조차 세상에서 가장 심각한 주제가 된다. 이는 연애와 결혼에 무관심해졌다는 2010년대 이후 청년들과 대조적이다. 영화 제작이 세계이고 연애가 필수인 이들은, 1990년대의 거대 담론에 매몰되었던 세대와 달리 이론을 논하면서도 연애의 유희를 즐기는 2000년대 청년 특유의 성실함과 활기를 보여준다.

유일하게 이 영화에서 등장하는 기성세대는 50대 남성 나카조 교수다. 한때 영화감독이었다가 교수가 된 그는 부인과 사별한 채 외롭게 지내고 있다. 학생들은 영화를 준비하고 촬영하는 데 여념이 없는데, 그가 유일하게 관심을 갖는 것은 한 여학생이다. 강의 중에도 창문 밖으로 그 학생을 쳐다보고, 댄스 연습을 하는 모습도 훔쳐본다. 그 학생과 친해 보이는 남학생에게 식사자리를 주선해 달라고까지 부탁하면서 원조교제를 연상시키는 장면이 나오지만, 여학생이 곧 그 남학생과 결혼할 것이라는 소식을 듣고 충격을 받는다. 결국 나카조는 그 충격으로 자신의 연구실에서 술을 마시고 뻗어버린다. 나카조 교수의 이런 이중성을 코믹하게 보여주면서 이 영화는 기성세대에 대한 비판을 드러낸다.

대학생들이 찍는 영화 〈지루한 살인자〉는 살인의 느낌을 알고 싶어 노인을 살해하고도 죄의식을 느끼지 않는 고등학생 다케다의 이야기다. 이 인물은 알베르 카뮈 소설 〈이방인〉의 뫼르소를 모티브로 한다. 영화 제목 〈카뮈 따윈 몰라〉는 주연 이케다가 원작을 읽지 않고 촬영에 임한 것을 감독이 비꼬아 붙인 것이지만, 결국 몰라도 된다는 결론에 이른다. 감독 마츠카와는 자신에게 집착하던 여자친구 때문에 옥상에서 떨어져 촬영에 합류하지 못한다. 여성편력을 일삼으며 돈을 빌리러 다니던 그는 결국 그렇게 벌을 받는다. 잘못을 저지른 여성이 징벌받던 고전 할리우드 문법과 달리, 이 영화는 신선하게도 바람둥이 남성 감독을 거세하는 형벌을 내린다. 결국 영화를 가장 잘 이해하던 프로듀서 기요코가 감독이 되어 촬영을 마친다.

영화 〈카뮈 따윈 몰라〉 속의 영화 〈지루한 살인자〉의 장면들은 현실과 허구의 경계가 무너지듯 편집되어, 배우 이케다가 실제

살인을 저지르는 듯한 착각을 불러일으킨다. 영화는 카뮈, 실존주의, 아셴바흐 등 철학 이론이 난무하는 대사로 지적 탐구에 몰두하는 청년들을 비추지만, 결국 이들의 진짜 관심사는 사랑이다. 2000년대 젊은이들은 영화 제작에 진심이며, 촬영 후 다다미에 묻은 붉은 물감을 닦는 뒷정리부터 연애 감정을 드러내는 일까지 매사에 열정적이다. 이들의 정동을 설명하는 데 상실이나 우울은 어울리는 단어가 아니다.

<카뮈 따윈 몰라>의 일본 포스터와 영어 포스터

2000년대 일본 청년영화 〈카뮈 따윈 몰라〉는 영화제작과 연애를 진지하게 대하는 대학생들의 일상을 담고 있다. 이들에게 중요한 것은 철학적 이론보다 사랑과 감정의 표현이며, 관객은 이들의 성실한 열정을 '정동적 유희'로서 공유한다. 실제 일본 후생

노동성이 2013년 발표한 백서에 따르면, 2000년대 이후 젊은층의 직업관에도 급격한 변화가 확인된다. '일하는 목적'을 묻는 장기 조사에서 "즐거운 생활을 하고 싶다"는 응답이 2000년을 기점으로 급증해, 2010년대에는 40%로 1위를 차지했다. 〈카뮈 따윈 몰라〉의 청년들을 통해서도 이러한 '즐거움'이라는 정동을 확인할 수 있다.

2010년대 일본 청년과 정동- 성실하지 않아도 사는 거야

미야케 쇼 감독의 영화 〈너의 새는 노래할 수 있어〉(2018)는 2010년대 일본의 지방도시 하코다테를 배경으로, 세 명의 젊은이를 따라가며 '성실하지 않아도' 살아가는 청년들의 한 단면을 보여준다. 서점에서 아르바이트를 하는 '나'(에모토 타스쿠), 실직 후 놀고 있는 '나'의 룸메이트 시즈오(소메타니 쇼타), 그리고 서점 동료 사치코(이시바시 시즈카)는 낮에는 일하거나 빈둥거리다가 밤이면 술집과 클럽, 당구장을 전전한다. 얼핏 평범한 청춘영화의 유희 장면처럼 보이지만, 영화 속 반복되는 대사 "성실하지 않구나 너"에서 드러나듯 이들의 삶은 일본사회가 요구하는 '이상적인 청년'의 상과는 다른 모습임을 말해준다.

2008년 리먼 쇼크와 2011년 동일본대지진은 2000년대의 밝고 긍정적인 생활 감각을 무너뜨렸다. 2010년대 청년 세대는 종신

고용과 연공서열을 누렸던 부모 세대와 달리, 비정규직·아르바이트·프리터라는 경제적으로 불안정한 위치에서 출발했다. 〈너의 새는 노래할 수 있어〉 속 세 인물 역시 대학생도, 정규직 회사원도 아니다. 이들은 사회가 '성실한 청년'의 증거로 제시해 온 학력·경력과는 거리를 둔 채, 지방도시의 가장자리에서 하루하루를 살아간다. 불투명한 미래라는 조건 속에서 이들의 정동은 막연한 불안과 체념, 그리고 가벼운 쾌락이 뒤섞여 나타난다. 주디스 버틀러가 말한, 사회적 규범을 반복적으로 연기하며 구성된다는 '젠더수행성' 개념을 빌려오면, 일본사회에는 '청년수행성' 역시 존재한다. 정규 교육과 취업, 결혼으로 이어지는 표준 경로를 충실히 따르는 몸짓이야말로 "성실한 청년"의 수행인 것이다. 이런 의미에서 영화 속 인물들은 청년 수행성에서 벗어난 존재다. 그들은 미래를 위한 자기계발 대신, 오늘 밤의 술자리와 관계의 온도에 더 민감하게 반응한다.

영화에서 '나'가 다른 인물로부터 "성실하지 않다"고 지적받는 순간은, 인격적 평가가 아니라 사회가 요구하는 청년수행성에서 벗어났다는 낙인으로 읽을 수 있다. 일에도, 연애에도 전념하지 않으면서, 자신의 감정을 명료한 언어로 정리해 고백하는 데에도 서투르다. 그러나 비성실함은 단순한 무능력이나 나태로 환원되지 않는다. '나'와 시즈오, 사치코가 함께 보내는 밤은 정동적 유희의 장이다. 술을 마시고, 춤을 추고, 서점에 무단결근을 하고, 거리에서 화환을 훔쳐 장난치는 행위는 모두 사회적으로는 '쓸데없는 짓'으로 보인다. 하지만 이 유희는 돈도 미래도 없지만 지금 여기에서의 즐거움만이라도 확보하려는 몸부림이자, "돈이 없는 사람은 즐기면 안 되나?", "불안정한 삶을 사는 사람은 사랑할 자격도 없나?"라는 질문을 던지는 정동적 실천이다. 관객은 그들의 유희를 보며 쾌락과 동시에 이상한 쓸쓸함과 공허함을 느끼게 된다. 바로 이 양가성에서 2010년대 일본청년들의 정동이 드러난다.

'나'는 사치코와 육체관계를 맺으면서도 자신의 감정을 인식하거나 표현하지 못한다. 구속하지 않는 연애가 쿨하다고 믿으며, 사치코가 시즈오와 진지하게 만나겠다고 말하는 순간에도 감정을 드러내지 않는다. 이처럼 감정표현을 미루고, 결정을 유예하는 태도로 "성실하지 않다"는 말을 듣는다. 그러나 영화 후반, '나'는 사치코를 험담하는 직장동료를 폭행하는데, 이는 그간 억눌려 있던 정동이 터져 나온 순간이다. 그는 비로소 자신이 사치코를 사랑했다는 사실, 그리고 "성실하지 않은 채로도 괜찮다"라고 믿어왔던 태도의 한계를 마주한다. 이 장면은 정동이 유희의 층위를 넘어, 수행성과 윤리의 문제로 전환되는 지점을 보여준다.

영화는 또 다른 축으로, 시즈오와 어머니의 관계를 통해 세대간 정동의 균열을 제시한다. 경제적으로 곤궁한 어머니는 병을 핑계로 아들에게 돈을 빌리려 하지만, 시즈오는 냉정하게 다른 형제에게 가보라고 말하며 거리를 둔다. 버블경제를 누렸던 일부 기성

세대와 달리, 지금의 5, 60대 상당수는 경제적으로 여유롭지 못하다. 영화 속 어머니는 바로 그런 '기댈 수 없지만 또 기대려는' 기성세대의 초상이다. 시즈오의 무표정한 태도는 부모세대에 대한 존경 대신, 피로와 경멸, 무기력한 냉소가 뒤섞인 2010년대 청년들의 감정을 보여준다.

〈너의 새는 노래할 수 있어〉의 유희 장면들은 버블시대처럼 과시적 소비를 전시하지 않는다. 이들의 놀이는 동네술집과 클럽, 아파트 거실처럼 큰돈이 들지 않는 공간에서 이루어진다. 따라서 영화 속 유희는 신자유주의적 메시지를 따르는 소비가 아니라, 불안정한 삶 속에서 정서적 균형을 유지하기 위한 완충 장치, 동시에 '성실한 노동-저축-결혼'이라는 궤도에 오르라는 사회적 규범에 대한 조용한 저항으로 읽힌다. 정동적 유희는 이들에게 "그래도 지금은 웃을 수 있다"라는 최소한의 생존감각을 제공하고, 그 속에서 청년수행성은 '모범적인 사회인'이 아니라 '어떻게든 현재를 버티는 존재'의 모습으로 재구성된다.

결국 〈너의 새는 노래할 수 있어〉가 포착하는 것은, 2010년대 일본의 사회적 불안 속에서 청년들이 유희를 통해 삶을 조절해 가는 방식이다. 그들은 정규직도, 미래 계획도, 전통적 가족 모델도 없지만 술과 음악, 섹스와 친구, 게으름과 충동을 통해 자신들만의 리듬을 만들며 살아간다. 성실하지 않으면서 "뭐든 상관없어"라는 체념 섞인 대사는 '성실하지 않아도 살아남을 수 있다'는 소극적 저항의 표현이다. 영화는 이 양가적 정동을 세밀히 포착해,

<너의 새는 노래할 수 있어>

청년을 미래의 예비사회인이 아닌 불안정한 세계를 살아가는 현재의 주체로 자리매김한다. 요컨대 이 영화는 구조적 불안을 배경으로, 청년들이 정동적 유희와 비성실한 수행성을 통해 어떻게 버티고, 사랑하고, 좌절하고, 다시 살아가는지를 섬세하게 기록한 작품이다.

2010년대 일본 사회와 장르영화 속 청년들

위에서 언급했듯이, 2011년 동일본대지진 이후 일본 사회의 분위기는 달라진다. 대지진과 원전사고, 장기불황, 비정규직 확대는 "열심히 노력하면 안정된 미래가 보장된다"는 신화를 무너뜨리면서 '잃어버린 10년'을 다시 지속시켰다. 그 속에서 청년들은 생존주의 세대로 불리며, 미래를 긍정적으로 기획하기보다 당장의 생존과 버티기를 우선시하는 태도를 보이게 된다. 이러한 상황은 영화 속 청년 이미지에도 반영된다. 2010년대 이후의 일본영화에서는, 기존의 영웅이나 직선적인 성장 서사보다는 오타쿠화된 청년, 비정규직 및 하청노동 청년들이 반복적으로 등장한다. 우에다 신이치로의 영화 <카메라를 멈추면 안 돼!>(2017)는 이 같은 시대

분위기를 경쾌하면서도 날카롭게 드러낸 작품이다.

〈카메라를 멈추면 안 돼!〉는 저예산 B급 영화였지만 전국적 흥행에 성공한 코미디·좀비·메타영화다. 영화는 크게 두 부분으로 나뉜다. 1부는 "촬영장에 실제 좀비가 나타난다"는 설정 아래 원컷처럼 보이는 30분가량의 혼란스러운 좀비극이 펼쳐지는데, 관객은 엉성한 연기와 기묘한 공백을 보며 어설픈 B급 호러라 느낀다. 그러나 엔딩 크레딧 후 시작되는 2부는 이 영화의 제작 과정을 다루는 '비하인드' 파트다. 여기서 일본 영화산업의 위계와 하청 구조, 열악한 환경에서 발버둥치는 감독과 청년 스태프들의 보이지 않는 노동이 드러난다. 1부의 모든 '실수'와 '엉성함'이 사실 현장을 수습하기 위한 처절한 대응이었음이 밝혀지며, 관객의 웃음은 전혀 다른 의미의 정동으로 재구성된다.

이 영화에서 특히 주목하고 싶은 인물은 세 명이다. 여배우 아이카, 감독 히구라시, 카메라 조수 마츠우라이다. 이들은 각기 다른 세대와 위치에 놓여 있지만, 2010년대 일본의 청년·기성세대가 어떻게 수행과 유희를 통해 생존을 모색하는지를 보여주는 핵심 축이다.

1부 좀비영화 속 아이카(아키야마 유즈키)는 감독의 호된 연기 지도에 눈물 흘리며 자책하는 성실한 신인배우로 그려진다. 좀비가 나타나자 앞장서 싸우며 끝까지 살아남는 장르적 영웅의 자리를 차지한다. 하지만 2부의 실제 아이카는 눈물 연기에 안약을 써도 되냐 묻는, 계산적이면서도 불안한 젊은 배우다. 그녀는 '프로

답게 잘해야 한다'는 강박과 커리어에 대한 압박 속에서 끊임없이 감독의 눈치를 본다. 그럼에도 감독보다 우위인 배우의 위치에서, 아이카는 일본사회가 요구하는 성실한 청년수행성을 전형적으로 내면화한 인물이며, 동시에 그 수행이 얼마나 취약한 기반 위에 서 있는지를 보여준다.

1부에서 히구라시 감독(하마츠 타카유키)은 배우에게 고성을 지르며 "카메라를 절대 멈추면 안 돼!"라고 명령하는 폭군 같은 연출자로 등장한다. 이는 일본 영화계의 전형적인 가부장적 감독 이미지와 겹친다. 하지만 2부의 그는 실은 낮은 서열의 하청 연출자이자, 방송국과 제작사 사이에서 치이는 경제적으로 곤궁한 '을'로 재등장한다. 그는 윗선이 던진 '원컷 생방송'이라는 무리한 기획을 어떻게든 완수해야 하는 생존형 감독이자, 현장의 혼란을 온몸으로 감당하는 중년 노동자다. 히구라시의 수행은 기성세대의 권위라기보다, 그렇게 연기하지 않으면 일감을 잃는 불안정 노동자의 자기연출에 가깝다. 소리지르는 연기로 겨우 현장을 통제하지만, 그마저도 상황이 무너지면 망가진 몸짓으로 전락한다.

<카메라를 멈추면 안 돼!>의
일본 포스터

"언젠가 카메라를 잡고 싶다"라고 말하는 조수 마츠우라(아사모리

사키나)는 촬영감독이 부상당해 카메라가 떨어진 찰나, 주저 없이 카메라를 들고 뛴다. 겉으로는 기회가 왔다는 흥분처럼 보이지만, 실은 생방송을 망치지 않으려 책임을 떠안는 수행의 순간이다. 마츠우라는 '보이지 않는 스태프'에서 '프레임을 유지하는 주체'로 이동하며 영화 성공의 결정적 인물이 된다. 이는 불안정한 현장에서 자기 역할을 찾아 몸을 던지는 2010년대 일본 청년들의 모습과, 성취감과 피로, 흥분이 얽힌 복합적 정동을 생생히 보여준다.

〈카메라를 멈추면 안 돼!〉는 정동적 유희의 영화다. 관객은 1부에서 엉성한 좀비영화를 보며 웃고, 2부에서 그 뒤에 숨은 노력과 실패, 위계를 보며 다시 웃으면서도 뭉클해진다. 이 유희는 오락을 넘어 다양한 정동의 전파를 보여준다. 첫째, 과장된 제스처와 흔들리는 카메라, 편집 리듬 등이 겹치며 관객에게 긴장과 해방감을 전달한다. 이를 통해 관객은 비언어적으로 "카메라를 멈추면 안 된다"라는 절박함을 공유하게 된다. 둘째, 장르적 유희를 유지하기 위해 스태프들은 극한 노동을 수행한다. 식은땀을 흘리는 그들의 얼굴은 "좋아하는 일을 하라"라는 열정페이 신화와 실제 현장의 과로·저임금 사이의 모순을 비춘다.

영화 속 젊은이들은 교과서적인 의미에서 성실한 사회인은 아니다. 그러나 문제를 즉흥적으로 해결하고, 무너지는 세트를 몸으로 떠받치고, 인간 탑을 쌓아 버드아이 샷을 완성하는 이들의 수행은, 기존의 회사원·정규직 모델과는 다른 방식으로 성실함을 다시 정의한다. 여기서 청년수행성은 회사 충성이나 출세가 아니라, 협업, 순간의 집중, 유머 감각을 통해 동료와 함께 프로젝트를 끝까지 완수하는 능력으로 전환된다.

〈카메라를 멈추면 안 돼!〉는 겉으로는 가벼운 저예산 코미디지만, 그 이면에는 2010년대 일본 사회의 불안정한 구조와 청년·기성세대의 정동이 누적되어 있다. 동일본대지진 이후 내일의 안전이 보장되지 않는 시대, 비정규·하청 구조 속에서 카메라를 멈추지 않으려 뛰는 스태프들의 열정과 불안, 웃음이 원컷 안팎을 오가며 드러난다. 결국 "카메라를 멈추면 안 돼"라는 주문은 불안정한 세계에서 어떻게든 프로젝트를 완수하고 지금의 유희를 지켜내려는 청년 세대의 생존 선언이다. 이 작품은 장르영화 형식을 빌려 청년의 정동이 뒤엉킨 2010년대 일본의 얼굴을 흥미롭게 포착한 사례다.

나가며

지금까지 〈카뮈 따윈 몰라〉(2006), 〈너의 새는 노래할 수 있어〉(2018), 〈카메라를 멈추면 안 돼!〉(2017) 세 편의 일본 청년영화를 통해, 청년들의 감정이 사회적 규범과 어떻게 상호작용하는지, 관객들이 청년들의 이야기를 통해 어떤 감정을 느끼게 되는지 살펴보았다. 일본의 청년영화에서 관객이 경험하는 정동적 유희는 단순한 즐거움에 그치지 않는다. 그것은 사회적 규범에 대한 저항,

개인의 정서적 불안에 대한 탐구, 그리고 이를 대중과 공유하는 정동으로서 중요한 역할을 한다.

2000년대 일본 청년들은 사회적 불안과 불확실성 속에서 정동적 유희로 삶을 조절하며, 이는 사회적 규범과 상호작용하는 감정적 해방과 저항의 요소다. 〈너의 새는 노래할 수 있어〉에서 게으름과 충동 속에서도 정서적 균형을 찾으려는 유희는, 불안한 삶 속에서도 현재의 즐거움을 찾으려는 몸부림이자 저항으로 읽힌다. 또한 〈카메라를 멈추면 안 돼!〉의 즐거움은 산업 위계와 노동 불안정 속에서 생긴 정동적 유희로서, 단순한 웃음 너머의 해방을 보여준다. 아울러 〈카뮈 따윈 몰라〉의 청년들처럼 영화 제작과 연애를 통해 자신만의 유희와 자아를 찾아가기도 한다.

이 영화들은 성실함과 비성실함 사이에 존재하는 청년들을 그리면서 동시에 이들의 감정적 해방과 소극적 저항을 묘사한다. 또한 영화 속 청년들은 정동적 유희를 통해 자신을 재구성하고, 사회적 규범에 대한 반응을 나타낸다. 이들은 현재의 불안정한 세계 속에서 살아가는 주체이며, 자신들이 경험하는 감정의 변화를 통해 사회적 규범에 대한 저항과 정서적 해방을 드러낸다. 이 영화들은 2000년대 이후 일본사회의 불안정성과 그 속에서 살아가는 청년들의 정동을 예리하게 드러내고 있다. (김수현)

덕질와 애국 사이
- 한국 오타쿠 청년의 흔들리는 자의식

　　2025년 10월, 소셜 네트워크 서비스인 X(구 트위터)에서 소소한 사건이 있었다. 러브 코미디 만화 『카사네와 스바루(かさねと昴)』라는 작품에서 구 일본 제국 해군의 깃발에 쓰여서 한국에서는 '전범기'의 문양이라며 인식이 좋지 않은 '욱일 문양(旭日, 태양을 상징하는 원을 중심으로 여러 가닥의 빛살이 사방팔방으로 뻗어 나가는 문양)'이 등장한 것이다. 등장인물 중

한 사람이 사용하는 휴대전화를 감싼 케이스에 그 문양이 쓰이는 바람에, 한국 독자들 사이에서 논란이 일었다. 한동안 갑론을박으로 또 온라인이 시끌벅적하겠구나 했지만, 작가 야마다 킨테츠(山田金鉄)의 재빠른 사과로 사건은 큰 탈 없이 마무리되었다. 담백한 한국어 사과문, 그리고 그 사과문에 대해 빈정거리는 일본 네티즌에게 가한 일침 등으로, 한국 온라인에서는 야마다 작가에 대한

호의적인 반응이 이어졌다.

한국 독자 여러분께

제 작품 「카사네와 스바루」에서 히로인 카사네가 소지한 스마트폰 케이스에 욱일기가 숨겨져 있다는 지적을 받았는데, 결론부터 말씀드리면 그런 정치적 의도는 전혀 없습니다.

해당 케이스의 디자인은 연재를 시작할 때 히로인이 좋아하는 것을 생각하며, 남국의 태양·새·야자잎 등의 모티프로 디자인을 구상해 스태프분께 작화를 부탁한 것입니다.

제 머릿속에서는 비타민 컬러와 검은색의 남국 모티프 케이스로 그려졌기 때문에 그것이 욱일기와 전혀 연결되지 않았으며, 지적을 받기 전까지 이 도안이 욱일기를 연상시킨다는 생각에 이르지 못했습니다.

작품을 즐겨 주시려던 분들께 불필요한 마음의 고통을 드려 진심으로 죄송합니다.

저는 지금까지 작품 속에 정치적 의도나 풍자를 담으려 한 적이 단 한 번도 없으며, 앞으로도 그럴 생각이 없습니다.

제 자신의 경솔함을 부끄럽게 생각하며, 앞으로 이런 일이 없도록 노력하겠습니다.

진심으로 사과드립니다.

(번역 앱을 사용했기 때문에 문법이 이상할 수 있으니 양해 부탁드립니다)

흔히 '욱일기'라 불리는 구 일본 제국의 해군기(현재는 일본 해상자위대도 사용하고 있다), 그리고 욱일 문양에 대한 한국 사회의 반발은 2010년대에 들어 본격화된 것으로 알려져 있다. '전범기'라는 호칭의 적절성이나 반발의 기원이 분명치 않다는 점을 들어 과도한 반응을 자제하자는 논의도 초기에는 오갔으나, 빠르고 폭발적인 네티즌의 반발이 일상화되면서 저런 논의는 사그라진 감이 있다. 국가 간의 외교 차원에서 공식적인 논의는 이루어지지 않았지만, 민간 차원에서 욱일 문양에 대한 한국 사회의 반발은 어느 정도 '공식화'되었고, 수출 시장으로서 한국을 염두에 둔 일본의 콘텐츠 기업이라면 이제 더는 무시할 수 없는 이슈가 되었다.

극장용 애니메이션 〈너의 이름은(君の名ば°)〉(2016), 〈극장판 귀멸의 칼날: 무한열차편(劇場版「鬼滅の刃」無限列車編)〉(2020)이 대히트를 거두며, 한국에서 애니메이션을 위시한 일본 대중문화는 큰 호황을 누리고 있다. 코로나 팬데믹과 넷플릭스 같은 OTT 서비스의 융성으로 위기를 맞이한 극장가에서, 일본 애니메이션만큼 일정한 흥행 수익을 보장해 주는 콘텐츠도 많지 않은 모양이다. 소위 '오타쿠'라 불리는 일본 대중문화 마니아들의 반복 관람 문화는 쇠퇴일로를 걷고 있는 극장가에서 얼마 안 되는 산소 호흡기 노릇을 하고 있기도 하다. 한국 극장가가 일본 애니메이션의 적극적인 소비자로 나서고 있고, 과거사에 얽힌 논란에 대해서 콘텐츠 생산자 측에서도 과거에 비해 기민한 대응을 보이고 있다. 한국의 오타쿠 청년들에게는 반가운 상황이다. 내가 좋아하는 작품을 손가락질당할 걱정 없이 마음껏 즐길 수 있기 때문이다.

일본 대중문화가 아직 정식으로 수입되지 않았던 1980년대 당시 청소년기를 보냈던 한국의 오타쿠 사이에는 종종 다음과 같은 추억 아닌 추억이 회고되고는 했다. 광복절이 되면 학교 주먹 패들의 눈치를 봐야 했는데, 그들이 평소에는 역사 문제에 관심도 없다가 그날만 되면 갑자기 애국심(?)이 불타올라서 일본 만화나 애니메이션을 좋아하는 아이들을 불러내서 혼쭐을 내고 다녔다는 이야기다. 필자가 청소년기를 보냈던 1990년대 중반은 이미『드래곤볼(ドラゴンボール)』(1984)이나『슬램덩크(スラムダンク)』(1990)로 대표되는 일본 만화의 인기가 청소년들 사이에서 절정을 이루던 시기였기에, 일본 만화를 좋아한다고 딱히 주위의 눈치를 봐야 하는 상황은 드물었다(그저 필자 개인의 운이 좋았기 때문일 수도 있다).

1980년대는 제2차 세계대전이 끝나고 대한민국이 탄생한 이래 음으로 양으로 유통되어 왔던 일본 대중문화 콘텐츠에서, 그 국적에 대한 윤곽이 점차 명확하게 드러나기 시작했던 시기이다. 일본의 문화적 요소들을 비교적 한국의 그것으로 세탁하기 쉬웠던 출판 매체의

1980년대 이후 원본 그대로
유통되기 시작한 일본 게임들

전성시대와 달리, 비디오 문화의 시대로 접어들면서 일본 대중문화 콘텐츠들은 더 이상 국적을 감추기 힘들어졌다. 이러한 현상과

개발 독재기의 종식이 맞물리며, 일본 대중문화 콘텐츠는 점차 '번안'에 가까운 '현지화'를 거치지 않은 형태로 유통되는 경우가 많아졌다. 비디오 게임처럼 일본의 정품 소프트웨어가 그대로 유통되는 경우가 있나 하면, 만화책처럼 한국어로 번역은 하되 일본인 저자명을 표기하며 유통하는 사례도 크게 늘어났다.

이러한 흐름은 1990년대에 들어 더욱 활성화되었다. 이 시기는 문민 정부가 들어서며 '역사 바로 세우기'를 비롯한 과거사 청산 움직임이 활발해지고, 일본의 "버르장머리를 고쳐 놓겠다"던 김영삼 대통령의 발언이 화제가 되며, 구 조선 총독부 청사 철거 장면이 TV로 중계되던 시절이었다. 거대한 근대 건축이 무너지는 장면이 '과거사 청산'의 은유가 되어 많은 한국인들에게 카타르시스를 선사했다. 그러나 이를 통해 과거사에 얽힌 일본에 대한 원한이 완전히 청산되었던 것은 아니다. 그것은 늘 저류처럼 사람들의 의식 밑바닥에 흐르다가 특정한 계기를 만나면 용암처럼 솟구치곤 했다.

당시 이를 의식하고 있었던 일본 대중문화 콘텐츠 팬들의 커뮤니티(소위 '하이텔', '천리안', '나우누리'와 같은 PC 통신 등)에서는, 늘 일본 대중문화를 향유하면서도 '매국노', '친일파' 등의 비난을 듣지 않도록 신경 써야 했다. 이 젊은 팬들 중 일부는 평범한 한국 대중보다 더 많은 역사에 대한 지식을 익히려고 애썼고, 그렇게 쌓은 역사적 지식이나 한국에서 널리 합의된 일제에 의한 민족의 수난에 대한 역사의식을 바탕으로 자신들은 '올바르게' 일본 대중문화를 향유하고 있음을 어필하려고 했다. 검열의 대상이 될 수 있기에, 보통 사람보다 더욱 '올바르고자' 하는 일종의 소수자 의식을 지닐 수밖에 없었던 것이다.

이러한 경향은 때로는 자국 문화에 대한 응원과 격려로 나타나기도 했다. 국산 극장용 애니메이션 〈블루시걸〉(1994)과 〈아마게돈〉(1996)을 향한 애니메이션 팬들의 성원에는, "나는 '일본' 애니메이션을 좋아하는 게 아니라 '애니메이션'을 좋아하는 거다. 그러므로 한국에서 수준 높은 애니메이션 작품이 나온다면 굳이 일본 애니메이션에 얽매일 필요가 없다"라는 자기 합리화도 깔려 있었을 것이다.

1997년의 외환 위기가 닥쳤을 때 비디오 게임 시장은 CD 소프트웨어를 활용하는 게임기의 전성시대였다. CD 게임은 그 이전에 카트리지(소위 '게임 팩') 게임보다 불법 복제가 쉬웠던 탓에, 정품 게임을 구입할 여건이 되지 못했던 많은 청년들이 '복사 CD'로 비디오 게임을 즐겼다. 저작권을 침범한다는 사실을 잘 알고 있었지만, 이때 그 꺼림칙함을 씻어 줄 명분 중의 하나가 바로 "일본이 싫으니 애국하기 위해서"였다. 일본은 싫지만 일본 게임은 즐긴다는 이율배반이 어디까지 진실인지는 알 수 없지만, 당시의 게임 잡지 『게임 라이프』 1998년 10월호에서는 「일본문화가 몰려온다?」라는 특집 기사를 통해 이러한 한국 게이머들의 행태에 자성을 촉구하기도 했다.

필자는 일본 대중문화가 정식으로 개방된 1998년 이후부터는 일본과 일본 대중문화라는 두 극점 사이에서 일그러지는 한국 오타쿠의 자의식이 점차 안정을 찾지 않을까 기대했다. 하지만 사태는 그렇게 간단하지 않았다. 2010년대에 SNS의 시대가 도래한 이후에는 점차 한국의 남녀 오타쿠 사이에서, 각자가 향유하는 콘텐츠를 문제 삼으며 서로 비난을 퍼붓는 사건이 벌어진 것이다. 이 시기, 일본에서는 일본의 역사 속에 등장하는 전함이나 도검 등을 의인화한 게임이 제작되었고 이 게임들은 한국에서도 적지 않은 인기를 끌었다.

전함을 여성 캐릭터로 의인화한 게임 〈함대 컬렉션(艦隊コレクション)〉은 한국의 남성 오타쿠 사이에서, 도검을 남성 캐릭터로 의인화한 게임 〈도검난무(刀劍乱舞)〉는 한국의 여성 오타쿠 사이에서 큰 반향을 불렀는데 이렇게 역사적으로 실존했던 무기들을 의인화했다는 사실이 문제가 되었다. 전함은 대체로 제국 일본 해군 소속으로 제2차 세계대전에 참전했던 무기였기에 일본의 식민 지배에 시달렸던 한국인이 이를 즐기는 것은 부적절하다는 지적이 일었다. 한편 도검의 경우에는 전함보다 그 정도가 덜하기는 하지만, 일부 도검은 임진왜란 등 한국과의 부정적인 연관이 있었음이 드러나 그 여성 팬덤에 비판이 가해지기도 했다.

여기서 상대 진영을 비방하기 위해 한국의 오타쿠들이 동원하는 수식어가 바로 '우익(右翼)'이다. 사전적 정의의 '우익'이란 "정치 보수적이거나 국수적인 경향. 또는 그런 단체. 1792년에 프랑스 국민회의에서, 온건파인 지롱드당이 의장의 오른쪽 의석을 차지한 데서 나온 말"인데, 일본 대중문화 팬층에서 이 단어가 쓰이는 경우에는 대개 "제국 시절의 일본을 미화하거나 긍정적으로 회고하며, 현대 일본의 우경화를 지지한다."와 비슷한 의미로 쓰인다. 하지만 막상 이러한 딱지가 붙은 작품이 정말 저 속성을 띠고 있는가에 대해서는 진지한 논의가 별로 오가지 않는다. 사실 한 사람이나 한 작품이 정말로 '우익'이라 불릴 만한 속성을 지니고 있는지를 따지는 것은 쉽지 않다. 중요한 것은, '우익'으로 의심받을 만한 콘텐츠를 향유하는 상대방을 비난함으로써 내가 도덕적 우위를 얻는 일이다. 그렇게 생각할 때 한국 오타쿠의 멘탈리티는 일본 콘텐츠를 즐기기 위해 남들보다 더 올바른 역사의식을 지닌 한국인이 되어야 한다는 강박에 시달렸던 1990년대의 그것에서 크게 나아가지 못했다고 하겠다.

동서 냉전이 종식된 1990년대 이후, 일본에서는 정치인들을 중심으로 '강한 국가'를 지향하며 제국 일본의 역사를 긍정하고자 하는 역사수정주의가 크게 발흥하였다. 거품 경제가 무너진 이후로 계속된 장기 불황으로 일본 사회의 포용성이나 개방성이 후퇴하며 그 우경화를 우려하는 목소리가 여기저기에서 들려왔다. 그런 한편, 대중문화 콘텐츠의 시장으로 인식되기 시작한 한국 수용자들의 반응을 일본의 생산자들이 의식하기 시작했다는 신호들도 간간이 눈에 띄기 시작했다. "일본은 역사 교육을 제대로 하지 않기 때문에, 일본 젊은이들에게 자국의 과거사에 대한 비판적 인식을 기대하는 것은 무리다."라는 의견은 분명히 상당 부분 사실을 반영하고 있겠지만, 앞서 야마다 킨테츠 작가의 사례에서도 보았듯이 한국이라는 타자의 목소리에 귀를 기울이고자 하는 이들의 존재도 SNS 등을 통해 가시화되고 있다.

이러한 태도에 응답할 수 있도록 한국의 젊은 오타쿠들에게 필요한 자세는 무엇일까? '우익'이라는 비난의 수식어에 자아를 의탁한 채 모든 판단을 중지하는 것이 아닌, 이 논의를 통해서 궁극적으로 지향해야 할 바가 무엇인지를 스스로 고민해 보는 것. 일본의 대중문화를 사랑했기에 굳이 일본에 대해 더 공부해 보고자 하는 청년들에게, 필자는 이러한 태도의 필요성을 전달하기 위해 요즘 노력하고 있다. 비록 대세를 바꿀 수는 없다 해도, '민족이 허락한 덕질'에만 만족하지 않는 청년들과의 만남을 오늘도 고대 중이다. 마지막으로 존재하지 않는 책에서 한 구절을 인용해 본다.

"생각을 멈추지 않은 젊은 덕후가 혹시 아직 있을까? 젊은이를 구하라."

_『광덕일기』 중에서

(하성호)

제4부

행동하는 청년

무엇을 꿈꾸는가

여성청년의 계보
- 삼각동에서 남태령까지

남태령으로 모여주십시오!

"거기 도착하고 나서 경찰 진압 영상을 봤거든요. 경찰이 트랙터 유리를 깨고 할아버지를 끄집어내서 바닥에 막 내팽개치고 그러는 거예요 (…) 그래서 '우리가 떠나면 또 뭔 일이 나겠구나', '사람이 많이 빠지면 일이 생기겠구나' 싶어서 있을 수 있는 만큼 있어야겠다는 생각을 했어요. 근데 사실 우리가 얼마나 힘이 있겠어요? 우리는 뭐 가진 것도 하나도 없는데. 응원봉 하나 들고 있는데 얼마나 제압당하기가 쉽겠어요? 근데 이상하게도 왜인지는 모르겠지만 마음이 너무 편하고 그래도 뭔가 할 수 있을 것 같다는 생각이 (…) 당연히 처음엔 많이 무서웠는데, 저와 또래인 여성분들이 서로 옹기종기 다 모여 있는 걸 보니까 이상하게 무서움이 사라지는 거예요. 너무너무 안도감이 들고 마음이 편해져서 여기 있어도 되겠다 싶었어요."[1]

　2024년 12월 21일 밤 서울 남태령 고개는 분노와 두려움, 긴장감으로 가득 찼다. 12월 16일부터 전라도와 경상도에서 트랙터 30대와 화물차 50대를 타고 올라온 농민들―전봉준 투쟁단―이 서울 남태령 고개에서 경찰에게 막힌 것이다. 윤석열 퇴진과 농업 관련 의제 전면화 등을 요구하던 농민들을 경찰이 차벽을 세워 고립 상태로 만들었다. 차벽을 두고 긴박한 대치가 이어지고 있었고 농민들은 SNS로 남태령으로 모여달라는 긴급호소문을 올렸다. 가장 먼저 달려온 이들은 '놀랍게도' 여성청년들이었다. 밤샘 대치 끝에 결국 경찰은 길을 터줬고, 그 자리에 모인 농민들과 청년들은 트랙터를 앞세우고 한남동 관저까지 행진할 수 있었다.

　이후 수많은 언론은 이를 탄핵국면의 '기념비적'인 사건으로 칭송했고 정치인들은 2030 여성들의 '정치적 각성'이라 흥분했다. 여성청년이 정치 뉴스에서 이토록 자주 호명된 일은 정치계 성폭력 사건의 피해자가 아니고선 없었던 일이다. 응원봉 말고는 가진 게 없었던 여성청년들이 한겨울 남태령에서 밤을 지새울 수 있었던 용기는 어느 날 갑자기 솟아난 것일까. 2016년의 촛불광장에도 1987년 6월의 거리에도 여성청년은 있었다. 단지 그들을 주인공으

---

[1]　최나현·양소영·김세희(2025), 『백날 지워봐라, 우리가 사라지나―광장에 선 '딸'들의 이야기』, 오월의봄, 22쪽.

로 인정하지 않았을 뿐.

1970년~80년대 민주화운동에서 여성청년들은 학생으로, 노동자로, 시민으로 광장에 나섰고 지켜왔다. '촛불집회'가 처음 등장한 2002년 미군 장갑차에 희생된 여중생 효순·미순 추모 집회에는 교복을 입은 10대 여성들이 있었고, 2008년 광우병 소고기 수입을 반대하는 촛불광장에도 여성들은 중심을 차지했다. 처음엔 10대 여학생들이 광장의 70%를 메꾸었고 이후 50대까지 세대를 아우르는 많은 여성들이 참여했다. 인터넷 카페에서 활동하는 여성청년들이 시위대의 주축이 되었고, 유아차를 끌고 온 여성들은 '유모차 부대'로 불렸다. 그러나 여성들은 저항의 주체로서 의미있게 기록되지 못했다. 집회가 마무리되면 '민중'과 '시민'이라는 이름 속에 묻혔고 기억에서 지워졌다. 이처럼 여성청년들은 늘 다양한 모습으로 광장에 있었지만 느닷없이 나타난 예외적이고 계보 없는 존재가 되었다.

김소사와 이소사[2] 그리고 이름 없는 100명의 소저들

1898년 9월 25일, 서울시 중구 삼각동 117번지. 지금의 신한은행 지점에 100여 명의 여성들이 모였다. 1898년 9월 27일자 독립

---

2   소사(召史)는 18세기 말까지 양인의 아내를 지칭하는 용어로 쓰였으나, 19세기 말에 이르러 과부를 뜻하는 말로 축소되었다.

신문에 실린 이날의 기록은 다음과 같다.

"회장 이양성당(이소사)은 개회하기 전 의자에 앉아 있었다. 이날 부회장 김양현당(김소사), 총무원 이창길당, 태양진당, 사무원 고정길당 등을 비롯한 55명의 여성회원들과 방청하러 온 100여명의 여성들이 참석하였다. 이날 참석하지 못한 여성회원들은 수백명이었다. 이양성당은 일어나서 '여학교설시통문'을 크게 낭독했다. 그러자 참석한 여성들은 모두 단정히 앉아서 통문을 듣고 그 취지에 감동하여 모두 회원으로 가입하였다. 회장은 다시 일어나 연설하였다. 그리고 여학교 설립에 대해 의논했다."

「여학교 설시통문(女學校設施通文)」. 일반적으로 '여권통문'으로 불리는 선언서를 공유하는 자리였다. 이들은 1898년 9월 1일자로 '여학교설시통문'을 쓴 뒤 여러 신문을 통해 알린 후에 여성 지지자들을 모집하였다. 300~400명의 회원이 모집되자 한국 최초의 근대여성운동단체인 '찬양회'를 만들고 한국여성들이 세운 최초의 사립여학교인 '순성여학교' 설립을 결의하게 된다. '여권통문'은 여성들의 참정권, 직업권, 교육권 등을 주장함으로써 여성시민의 권리를 주장한 최초의 선언문이었다.

여권통문 기념 표석[3]

　‘통문’은 여러 사람이 돌려보는 일종의 통지문을 말한다. 아마도 필사하여 여러 사람이 돌려 읽었을 것이나 그 원문은 남아 있지 않다. 그러나 여권통문의 내용은 9월 8일 황성신문, 9월 9일 독립신문에 실렸고 9월 10일 자 독립신문의 영문판 〈The Independence〉에도 전문이 실려 그 파급력이나 중요성이 얼마나 대단했던가를 짐작할 수 있다. 당시 독립신문에는 "북촌의 어느 여성 군자 세 분이 개명(開明)에 뜻을 가지고 여학교를 설립하려는

3　김세원, 「한국 여성들이 127년 전 이미 외쳤다… 최초 여성인권 선언문 '여권통문'」. 여성신문, 2025.09.02.

통문이 있기에 놀랍고 신기하여 우리 논설을 빼고 아래에 기재하노라.”라고 쓰고 있어 묘한 기시감을 불러일으킨다.

여권통문은 오늘날에도 그 의미가 남다른 세 가지 주요 내용을 담고 있다.

첫째, 여성의 정치참여의 권리를 주장하였다. 여성의 정치참여는 문명화와 국익에 도움이 되기 때문에 필요하다는 것이다. 둘째, 여성도 직업을 가질 권리를 주장하고 있다. 여성의 경제활동은 인간의 기본권이며 평등한 남녀관계를 맺기 위해 필요하다. 셋째, 위의 두 가지를 이룩하기 위한 전제조건으로 여성교육이 필요하다는 것이다. 중요한 점은 당시 여성의 전형이었던 ‘현모양처’, 즉 남편 내조와 자녀교육의 차원이 아니라 여성 자신의 독립과 자율이라는 관점에서 여성교육을 사고하고 있다는 점이다. ‘아내’나 ‘어머니’로서의 여성의 역할을 전혀 언급하지 않고 있다는 점에서 당시로서는 생각지도 못할 주체적인 사고와 행동이 아닐 수 없다.

“이제는 옛 풍속을 모두 폐지하고 개명 진보하여 우리나라도 다른 나라와 같이 여학교를 설립하고, 각기 여자 아이들을 보내어 각종 재주를 배워 이후에 여성 군자들이 되게 할 목적으로 지금 여학교를 창설하오니, 뜻을 가진 우리 동포 형제, 여러 여성 영웅 호걸님들은 각기 분발하는 마음으로 귀한 여자 아이들을 우리 여학교에 들여보내시려 하시거든, 바로 이름을 적어내시기 바라나이다.”

'여성 영웅호걸님'들을 향한 김소사와 이소사의 결의에 찬 이 호소문의 반응은 폭발적이었다. 불과 한 달이 되지 않아 300여 명(사료에 따라 500여 명으로 보기도 한다) 여성들이 뜻을 같이하게 되었고 지지하는 남성들도 모여들었다. 9월 11일부터 12일, 14일, 17일에도 이들이 계속 모여 순성여학교 설립에 대해 논의하고 연설했음이 당시의 독립신문에 실려 있다. 10월 11일에는 찬양회 회원 100여 명이 모여 모임을 개최한 뒤 경운궁 인화문 앞으로 이동하여 고종 황제에게 관립여학교를 설립해 달라는 상소를 직접 올리기도 했다. 이어 18일에는 신속하게 이행해 달라는 청원을 올렸고 이에 따른 경비도 예산을 지출해 달라는 요청을 탁지부(조선말기 재무행정을 관정하던 중앙관청. 지금의 기획재정부 정도에 해당)에 올렸다. 이듬해 예산에 경비 3750원을 할당받는 데 성공했다. 당시 대한제국 1년 예산이 1200만 원이라 보았을 때 적지 않은 금액이다.

여권통문 역시 불현듯 각성하여 발표된 것이 아니었다. 이전부터 축적된 근대적 의식들이 결집되었고 여성들의 자각과 집단화된 힘의 결과였다. 여권통문의 초안을 잡았던 김소사, 이소사는 북촌에 살던 양반가의 부인으로 추정되나 어떤 사료에서도 그들의 정확한 이름과 나이는 알 길이 없다. 우리나라 최초의 여학교를 꿈꾸던 수백 명의 소사와 소저들의 이름도 알 길이 없으나 그들이 한 시대를 이끌어 간 리더이자 여성청년임을 미루어 짐작할 수 있다. 결국 예산을 받지 못하여 찬양회 회원의 회비와 기부로 이어가던 순성여학교는 초대 교장인 이소사의 죽음과 함께 역사 속에서 자취를 감추었다. 그러나 시대를 앞서간 이들의 성취는 현재의 여성청년들에게 이어져 오고 있음이다.

여학생의 등장과 만세운동

"'불의(不義)코 백년 살지 말고 의(義)코 하루 살아라'를 변소 벽에 기록하고 한 사람씩 가보게 한다. 하오 1시경에 독립선언서 1장이 들어왔기로 몰래 들여다보고 있을 때 탑골(탑동)공원에서 독립만세 소리가 천지를 울리다."

<상하이판 독립신문> 1919년 10월 16일, '여학생 일기' 중

3·1운동 당시의 긴박한 상황을 엿볼 수 있는 일기의 주인공은 경성여자고등보통학교(경성여고보) '소녀 결사대' 김원경[4]이다. 경성여고보는 당시 조선총독부가 관리하던 유일한 여학교로 교사의 대부분이 일본인이었다. 학생들은 그들의 감시와 통제의 눈을 피해 비밀조직인 '소녀 결사대'를 만들어 3·1운동을 준비하고

---

4 1898~1981년, 독립운동가. 최숙자, 백성현, 경하순, 김희옥 등과 함께 대조선독립애국부인회를 조직하고 임시정부를 지원하였다. 1922년에는 모스크바에서 열린 극동인민대표회의에 한국 대표로 참석하여 각국 대표에게 한국의 독립을 호소하기도 했다.

있었다. 그런데 3월 1일 새벽 거사의 낌새를 알아챈 일본인 교사들이 학생들의 귀가를 막았고 기숙사는 봉쇄되었다.

"대문을 빠개자!"

당시 '소녀 결사대'의 주축이었던 최정숙의 회고록에 의하면 이때 기숙생들 사이에서 고함이 터져나왔다고 한다. 여학생들은 손도끼, 식칼, 돌멩이를 닥치는 대로 집어 들고 기숙사 후문을 부수고 학교 정문을 향해 뛰었다. 죽음을 각오했기에 속옷에 주소, 성명, 학교, 고향, 부모 이름까지 써 붙인 학생도 있었다. 3월 1일 오후 2시경, 마침내 여학생들은 군중과 합류했고 넋을 놓은 일본인 교사들을 향해 "독립만세!"를 통쾌하게 외쳤다.

<오사카 아사히신문>에 실린 1919년 3월 1일의 사진.
여학생들이 독립만세를 외치며 행진하는 모습이다.[5]

---

5 사진 속 여학생들은 경성여고보생들로 추정된다. 한때 '기생 시위 사진'으로 오해받기도 했는데 당시에는 여학생들이 사진 속 머리 차림새처럼 '히사시가미'

이날 시위로 경성여고보 전교생 300여 명 중 32명이 일본 경찰에 체포됐지만 이들의 뜻을 꺾진 못했다. 3월 5일 이어진 2차 만세시위에는 경성여고보 기숙생 전원이 참여했고 수천 장의 붉은 머리띠를 준비해 타학교 학생들의 참여를 독려하기도 했다. 두 차례에 걸친 경성여고보생의 활약은 일제에는 큰 충격으로, 한국인에게는 독립운동에 나서게 하는 촉매제 역할을 했다. 〈오사카 아사히신문〉 1919년 3월 5일 자에 이들의 사진을 싣고 '조선인 여학생이 만세를 절규하면서 전찻길을 행진하고 있다'라는 해설을 붙였다. 3·1운동은 학생운동의 시발점이기도 했지만 동시에 '여학생'이 역사의 전면에 등장한 사건이었다.

서울 여학생 만세운동을 주도한 여학생 대표들[6]

라는 스타일로 꾸미는 게 유행했다.

6   임경석, 「[임경석의 역사극장] 송계월, 여학생 만세 사건을 주도하다」 한겨레 21, 2020. 10. 4.

1930년 여학생들은 3·1운동 이후 최대 규모의 대중투쟁을 주도한다. '1930년 서울 여학생 만세운동'은 1930년 1월 15일~16일, 이화여고보, 동덕여고보, 배화여고보, 숙명여고보 등 서울 시내의 거의 모든 여학교가 참여한 연합시위를 말한다. 서울 여학생 만세운동은 일본인 남학생의 조선인 여학생 성추행 사건에 반발해 일어난 '광주학생항일운동'의 여파로 일어났다. 1929년 11월 광주에서, 12월에는 서울에서 진행된 1, 2단계를 거쳐 1930년 1월의 여학생 연합시위는 남학생들의 연대를 촉구하며 광주학생운동을 전국적으로 확장시킨 기폭제가 되었다.

이때 6개 남녀 중등학교 학생들이 거리시위에 나섰고, 거리 진출이 막혀 교내에서 만세를 부른 학교가 경성 시내에서만 18개 학교 7천여 명에 이르렀다. 광주에서 시작해 전 조선으로 확대된 항일 학생운동의 절정이라 표현할 만했다. 경찰에 연행된 여학생만 79명. 이들은 길게는 3월까지 옥고를 치르며 심문과 재판을 받았다. 주모자로 지목된 허정숙, 최복순, 송계월, 박차정 등은 징역 1년에서 6개월까지의 실형을 받는 고초를 겪었다. 부산 출신의 박차정 역시 이 중 한 명이다. 여학생들이 집단으로 재판을 받은 경우가 없었기 때문에 당시 이목이 집중되었다. 재판정 바깥에서는 여학생들을 지지하는 시위와 맹휴(동맹휴업)가 벌어지기도 했다.

'1930년 서울 여학생 만세운동'은 일제 강점기의 대표적인 여성운동단체인 '근우회'의 역할이 컸다. 근대 여성교육을 받고 사

회로 나온 여성들이 만든 여성운동 단체와 여학생들이 함께 사회
적 실천의 장에 나섰고 사회적 역할을 수행했다는 점에서 그 의
의가 크다. '1930년 서울 여학생 만세운동'을 통해 더욱 성장한
여학생들은 학교 밖으로 나와 작가로 등단하는 등 새롭고 다양
한 방식의 여성운동을 펼쳐나갔다.

똥을 먹고 살 순 없다

동일방직 여성노동자들[7]

일제강점기에는 여학생들의 주도적인 활약이 있었다면 1970

---

7   위키피디아-'동일방직 사건' 항목

년대는 여성청년 노동자들이 있었다. 한국의 여성노동자들은 경제개발의 과정에서 가장 중요한 역할을 했지만 가장 형편없는 대접을 받았던 집단이었다. 1960년대 한국의 핵심 수출 품목이었던 섬유직물, 의류, 가발, 신발 같은 경공업제품들의 대부분은 여성노동자들이 만들었다. 중화학공업화가 진행되던 1970년대의 마지막 해에도 여성노동자들이 만드는 경공업제품과 전자제품이 전체 수출에서 차지하는 비중이 47%나 되었다. 종업원 1,000명 이상 대규모 제조업체에서 여성노동자가 차지하는 비율은 1970년에 61.8%였고, 1979년에는 56.9%였다. 수출을 많이 하는 대규모 공장일수록 1970년대까지는 남성노동자가 아니라 여성노동자가 다수였다.

"저는 동일방직 와인다 3반에 근무하는 안순욱입니다. 저는 5년간 동일방직에 근무하면서 하기 휴가가 한 번도 없던 중에 금년 여름에 하기 휴가를 준다는 소식에 저의 마음은 (…) 한 없이 부풀어 있었습니다. (…) 휴가는 15일부터 19일까지였습니다. 그러나 저희 3반은 14일 밤일을 하느라 15일 새벽 6시에 퇴근하고 집에 갈 생각들을 하고 있었습니다. (…) 퇴근 시간만 기다리고 있던 중 퇴근 2시간 전에 와인다 대장 김춘옥 양이 작업장에 들어와서 우리 와인다 3반은 6시에 퇴근할 수 없고 두 시간 연장하여 8시에 퇴근해야 한다고 하였습니다."

_안순욱의 진정서 중에서

이처럼 경제개발에 큰 기여를 한 여성노동자가 어떤 대접을 받았는지는 동일방직 사건을 보면 잘 알 수 있다. 1972년 동일방직의 노동조합은 전체 1,300여 명 가운데 200여 명에 불과한 남성이 장악한 어용 노동조합이었다. 여성노동자는 장시간 노동과 열악한 처우, 낮은 임금으로 고통받고 있었다. 그러나 민주노조 운동에 영향을 받은 여성노동자들은 1972년 5월 10일 한국 노조 최초로 여성지부장을 지부장으로 선출하였다. 이후 회사 측과 남성 조합원들은 지속적으로 여성들의 노동조합을 탄압하고 갖은 방해를 일삼았다.

1976년 여성노동자들의 파업과 농성에 경찰이 투입되어 강제 연행을 시도하자 조합원들이 옷을 벗고 알몸으로 저항한 나체 시위, 1978년 2월 노동조합 대의원 대회에서 여성노동자를 지부장으로 선출하려 하자 남성 조합원들이 선거함을 부수고 똥물을 가져와 여성 조합원들에게 뿌린 사건이 대표적이다. 동일방직 사건을 단순히 여성노동자들에 대한 억압과 탄압을 상징하는 사건으로만 보는 것은 일면적이다. 이 사건은 당시 여성청년들이 노동자로서, 인간으로서 성장해가는 과정, 그 과정에서 보여준 뛰어난 성취와 잠재적 가능성이라는 차원에서도 충분히 주목할 만하다.

당시 여성노동자들은 한국 사회의 가장 밑바닥에 위치한 천대받는 존재들이었다. 그러나 그들은 제대로 선거하는 법을 배웠으며 혼연일체가 되어 탄압하는 세력에 맞서 당당히 세상의 중심이 되어갔다. 2025년을 지나는 지금 여성노동자들의 현실은 여전히 열악하다. 남성이 100만 원을 받을 때 여성들은 채 70만 원이 안 되는 임금을 받는다. 부끄럽게도 OECD 국가 중 수십 년째 꼴찌를 면하지 못하고 있다. 하지만 언젠가는 그 유리천장과 유리 엘리베이터도 그녀들의 힘으로 부수어 버릴 날이 올 것이다. 동일방직 여성노동자들이 노조를 장악한 그날처럼.

호명되기를 거부하는 여성청년

"바쁠 때는 주 80시간씩, 휴일 없이 거의 한달 내내 일할 때도 있어요. 수많은 여성 선후배와 동료들은 출산과 동시에 시간 빈곤, 직장 내 성차별을 경험해요. 아이 양육을 돕는 조부모와의 관계에서도 '을'이 되고, 아이 교육에도 쩔쩔매요. 반면 남성들은 그렇지 않죠. 이게 현실이에요. 저는 그런 희생을 책임질 자신이 없어요."(직장인 39살 김아무개씨)

"1990년대생의 인구 비율이 높으니 출생률 반등을 기대한다는 이야기가 나오던데, 도대체 청년 여성을 뭐로 보는 건가요? 그저 아이 낳는 도구인가요, 우리가? 청년들은 기득권의 정치적 도구가 아닙니다. 그리고 청년 안에는 여성이 있습니다. 그 사실을 국가가 자꾸 지우는 것 같아서 화가 나요."(버터나이프 크루 활동을 했던 23살 조혜원씨)[8]

---

8   오세진, 「'청년' 안에 '여성' 있다」, 한겨레, 2023.4.1.

AI에게 청년의 얼굴을 그려달라고 하니 마치 BTS의 '진' 같은 잘생긴 남성의 얼굴을 내놓는다. '청년 문제'는 이력서 더미 위에 앉아 고개를 떨구고 있는 젊은 남성의 모습으로 그려준다. 인공지능마저 '남성'의 문제로 인식하고 있는 오늘날의 청년 문제는 남성의 얼굴을 하고 있다. 여성의 경험은 청년의 경험으로 통합되지 못한 채 사회적 행위자나 주체가 아닌 희생자이거나 문젯거리나 혐오의 대상이었다.

근대 이후 남성 청년이 계몽적 주체로, 엘리트로 새로움의 주체로 부각될 때 여성들은 아가씨, 청춘여성, 모던걸로만 호명되며 전형적인 여성성만이 부각되곤 했다. 그러나 여성들은 이러한 부당하고 편협된 시선 속에도 스스로 몸을 일으켜 근대화의 길목에 선 국가의 운명을 걱정했고, 노동자로 산업현장에서 밤낮으로 일하며 집안과 나라의 경제를 일으켰다. 그리고 지금은 그 단단한 DNA로 남태령을 지켰던 것이다.

스피박은 서발턴은 말할 수 있는가를 되물었지만, 여성청년들은 언제나 스스로 말하고 있었다. 여성들이 말하지 못한 것이 아니라 그들의 목소리를 우리가 알아듣지 못하고 있기 때문이며 언제나 그랬듯이 남성들의 말과 언어를 빌렸기 때문이다. 그들은 늘, 어디서든 존재했으며 끊임없이 말하고 행동해왔다. 여성청년이자 농업인인 김후주 씨의 말처럼 당당히 어깨 걸고 서 있는 우리의 '몸'과 '영혼'을 그 누가 지울 수 있겠는가? (석영미)

타이완 청년들, 국가와 민주주의를 업데이트하다

프롤로그: 반도체보다 뜨거운 타이완의 소프트웨어

영국의 주간지 『이코노미스트』는 타이완을 '지구상에서 가장 위험한 곳'이라 지칭했다. 미국과 중국이라는 두 패권국이 충돌하는 최전선이자, 언제 전쟁이 발발해도 이상하지 않은 화약고라는 의미다. 세계는 타이완을 보며 두 가지를 우려한다. 전쟁이 일어날 것인가, 그리고 그렇게 되면 반도체 공급망은 무사할 것인가. 외부의 시선으로 볼 때 타이완은 사람이 살아가는 섬이라기보다, TSMC 공장이 돌아가는 거대한 기지처럼 비친다.

그런데 시선을 거시정치에서 미시적인 일상으로 돌려보면 다른 풍경이 펼쳐진다. 타이베이의 시먼딩 거리와 대학가, 그리고 온라인 커뮤니티에는 전쟁의 공포 대신 민주주의를 향한 활기가 흐른다. 그곳에는 지정학적 체스판의 말이 되기를 거부하고, 스스로 게임의 플레이어가 되기로 결심한 청년들이 있다.

이 글은 타이완을 지키는 힘이 미국의 항공모함이나 최첨단 반도체에만 있지 않음을 이야기하려 한다. 타이완을 지탱하는 진짜 동력은 스스로를 시민으로 재발명해 낸 청년들의 머리와 가슴 속에 있다.

그들은 교과서를 통해 정체성을 다시 정의했고, 의회 담장을 넘으며 민주주의를 지켰으며, 시빅 테크(civic tech)를 통해 정부 시스템을 투명하게 바꿨다. 나아가 투표소와 편의점에서 국가를 일상으로 안착시켰다. 이것은 낡은 기계 같던 국가를 청년들이 직접 업데이트한, 거대한 소프트웨어 혁명의 기록이라고 부를 수 있겠다.

우리가 타이완 청년들을 주목해야 하는 이유는 명확하다. 그들은 강력한 권위주의 국가의 바로 옆에서, 가장 유연하고 창의적인 방식으로 민주주의를 지켜내고 있기 때문이다. 타이완 청년들의 실천은 동아시아에서 민주주의가 어떻게 작동하고 유지되는지를 보여주는 중요한 사례다.

교과서가 만든 나라- 세대교체와 새로운 정체성

나는 타이완인입니다- 당연해진 정체성

2024년 2월, 국립정치대학 선거연구센터가 발표한 정체성 조사 결과는 타이완 사회의 변화를 잘 보여주었다. 타이완 사람

61.7%가 스스로를 '오직 타이완인'이라고 정의한 반면, 자신을 중국인이라고 답한 비율은 2.4%에 불과했다. 특히 20~30대 청년 세대에서 이러한 경향은 압도적이었다.

불과 30여 년 전만 해도 상황은 정반대였다. 조사가 처음 시작된 1992년 당시, 자신을 타이완인으로 인식한 비율은 17%대에 그쳤고, 중국인이라 생각하거나 둘 다 해당한다는 응답이 다수였다. 지난 30년 동안 타이완 사회는 조용하지만 거대한 정체성의 지각변동을 겪은 셈이다.

이러한 극적인 변화의 원인은 무엇일까? 홍콩의 청년들이 우산운동과 시위를 거치며 홍콩인이라는 정체성을 뒤늦게 각성했다면, 타이완 청년들에게는 그런 비극적인 계기가 필요하지 않았다. 이들에게 '나는 타이완인'이라는 감각은 투쟁으로 쟁취한 전리품이라기보다, 숨 쉬듯 자연스럽게 체득한 공기와도 같았기 때문이다.

교과서가 바꾼 세대- 본토화 교육과 탈중국화

그 변화의 결정적 계기는 1997년 9월로 거슬러 올라간다. 당시 타이완의 중학교 1학년 교실에 『認識臺灣(인식대만, 타이완 이해하기)』이라는 새로운 교과서가 배포되었다. 역사, 지리, 사회 3권으로 구성된 이 교과서는 타이완 교육사의 전환점이 되었다. 50년 만에 처음으로 중국이 아닌 타이완을 역사의 주어로 세웠기 때문이다.

　1997년 이전까지 학생들의 지리교과서는 가본 적도 없는 중국대륙의 산맥과 철도를 가르쳤고, 역사교과서는 황하문명부터 시작되는 중국의 5천 년사를 암기하게 했다. 정작 자신들이 발 딛고 사는 타이완에 대한 내용은 부록처럼 실린 짧은 챕터가 전부였다.

　새로운 교과서의 등장은 교육의 방향을 완전히 바꾸었다. 교과서 서술에서 '우리나라'라는 막연한 표현 대신 '타이완'이라는 고유명사의 등장 빈도가 대폭 늘어났다. '우리나라=중국'이라는 낡은 등식이 깨지고, 교육의 중심이 타이완으로 이동한 것이다.

　이 교과서는 학계에서 동심원 사관(同心圓史觀)이라 불리는 역사관을 기반으로 편찬되었다. 타이완을 중심에 두고 세계로 시야를 넓혀가는 관점이다. 이러한 교육을 받고 자란 1984년 이후 출생자들은 기성세대와는 다른 정체성을 형성하게 되었다. 지금의 3040 세대와 그 아래 청년들에게 타이완은 수복해야 할 대륙의 변방이 아니라, 그 자체로 완결된 역사와 문화를 가진 유일한 조국이 되었다.

본성인/외성인을 넘어서- 새로운 타이완인의 탄생

　타이완 사회를 오랫동안 짓눌러온 갈등의 축은 본성인(1945년 이전 정착민)과 외성인(1949년 이후 이주민)의 구분이었다. 이는 단순한 출신지의 차이를 넘어선 권력의 문제였다. 1950년대 공무원 시험 합격자의 절대다수가 외성인 출신이었을 만큼, 소수의 외성인들이 정치와 경제 권력을 독점했고 다수의 본성인들은 소외되었다.

하지만 오늘날 타이완의 청년들에게 이 구분법은 낡은 유물에 불과하다. 민주화 이후 세대가 교체되면서 외성인 1세대는 역사의 뒤안길로 사라졌고, 본성인과 외성인의 통혼은 일상이 되었다. 지금의 20대에게 출신이 본성인이냐 외성인이냐를 묻는 것은 시대착오적인 질문이 되었다.

물론 가정마다 사용하는 방언이나 먹는 명절 음식은 다를 수 있다. 그렇지만 청년들은 이를 차별의 근거가 아닌 타이완 내부의 문화적 다양성으로 인식한다. 오늘날 청년들이 말하는 타이완인의 정의는 혈통이 아니다. 부모가 언제 타이완에 왔는지는 중요하지 않다. 중요한 것은 지금 타이완의 민주주의와 자유를 공유하고, 중국의 압박에 맞서 이 섬의 미래를 함께 지키겠다는 시민적 합의다. 그렇게 타이완인이라는 정체성은 태생적 운명이 아니라, 민주 시민으로서의 자부심으로 완성되었다.

광장에서 피어난 해바라기- 2014 해바라기 운동

입법원 점거 24일- CSSTA를 막아낸 청년들

2014년 3월 17일 오후, 타이완 입법원 내정위원회. 국민당 소속 장칭충 위원장이 마이크를 잡고 30초 만에 양안서비스무역협정(CSSTA) 심사 통과를 기습적으로 선언했다. CSSTA는 타이완과 중국의 서비스시장을 상호 개방하는 협정이었다. 타이완 정부는 경제활성화를 내세웠지만, 청년들은 그 이면의 위험을 감지했다. 중국자본이 타이완의 출판, 통신 등 언론과 밀접한 서비스업을 잠식할 경우, 타이완의 민주주의가 중국의 검열 아래 놓일 것이라는 우려였다.

3월 18일 밤 9시, 분노한 약 200명의 학생들이 입법원 담장을 넘었다. 그들은 경찰 저지선을 뚫고 의사당 본회의장을 점거했다. 헌정 사상 초유의 사태였다. 린페이판, 천웨이팅 등 학생 지도부를 중심으로 현장은 조직적으로 운영되었고, 인터넷 생중계를 본 시민들이 입법원 밖으로 구름처럼 몰려들었다.

절정은 3월 30일이었다. 검은 옷을 입은 수만 명의 시민들이 총통부 앞 거리를 가득 메웠다. 어둠 속에서 수만 개의 휴대폰 불빛과 함께 희망의 상징인 해바라기가 흔들렸다.

결국 정부가 물러섰다. 4월 6일, 왕진핑 입법원장이 학생들을 찾아와 양안협의감독조례(兩岸協議監督條例)가 만들어지기 전까지는 협정 심사를 중단하겠다고 약속했다. 사실상 정부의 백기투항이자 학생들의 승리였다. 4월 10일, 학생들은 약 24일간의 점거를 끝내고 당당히 의사당을 걸어 나왔다. 이 사건은 해바라기 운동으로 명명되었고, 타이완 민주주의의 흐름을 완전히 바꿔놓았다.

2014년 타이완 입법원 점거 및 해바라기 운동 (출처: 위키미디어 커먼스)

성공이 만든 차이- 홍콩 우산운동과 갈린 길

공교롭게도 같은 해인 2014년 9월, 홍콩에서도 청년들이 거리로 쏟아져 나왔다. 행정장관 직선제를 요구하며 도심을 점거한 우산운동이었다. 타이완의 해바라기와 홍콩의 우산. 두 운동은 동아시아 청년들의 저항이라는 공통점이 있었지만, 그 결과는 달랐다.

간략하게 정리하자면 타이완의 해바라기는 승리했고, 홍콩의 우산은 좌절했다. 홍콩의 점거 농성은 경찰의 강제해산으로 끝났고, 요구사항은 받아들여지지 않았다. 가장 큰 차이는 주권과 민주주의 시스템의 유무였다. 타이완은 민주주의 시스템이 작동하는 주권국가였기에, 유권자가 거리로 나오자 정치인들은 표를 의식해 반응할 수밖에 없었다. 반면 일국양제 하의 홍콩정부는 베이징의 허락 없이는 아무것도 결정할 수 없었다.

이 차이는 미래를 결정지었다. 해바라기 운동은 타이완 정치 지형에 지각변동을 일으켰다. 청년세대의 정치 참여 열기는 2016년 선거로 이어져 민진당의 정권 재탈환과 제3세력의 약진으로 귀결되었다. 청년 지도자 중 일부는 제도권 정치인으로 변신해 의회에 입성했다. 거리의 저항이 제도정치를 변화시킨 것이다. 하지만 홍콩은 아쉽게도 그러지 못했다. 좌절은 분노로 이어졌으나 결국 국가보안법이라는 철퇴를 맞았다.

2014년 타이완 청년들은 행동하면 바꿀 수 있다는 효능감을 배웠다. 그리고 홍콩을 보며 깨달았다. 민주주의를 지키지 못하면 홍콩과 같은 상황에 놓일 수 있다는 서늘한 현실을. 이것이 오늘날 타이완 청년들이 반중정서를 넘어 민주주의 수호에 그토록 민감한 이유다.

해커에서 장관까지 - 디지털 민주주의와 오드리 탕

g0v, 시민이 직접 만드는 정부

2012년 10월, 타이완 정부가 내놓은 경제정책 홍보 광고는 시민들의 공분을 샀다. 막대한 예산을 썼음에도 구체적인 내용은 없고, "정부가 열심히 하겠다."라는 구호뿐이었기 때문이다. "도대체 예산은 어디에 쓰이는가?" 분노한 프로그래머들이 모여 생각했다. "정부가 투명하게 공개하지 않는다면, 우리가 직접 시스템을 뜯어고치자."

시빅 테크 또는 시빅 해킹(civic hacking: 시민들이 기술을 활용하여 사회문제를 해결하는 활동) 커뮤니티 g0v(가브 제로)는 그렇게 탄생했다. 정부 도메인 gov.tw에서 'o'를 '0'으로 바꾸면 접속되는 g0v. tw를 만들었다. '정부의 역할을 제로에서부터 다시 고민하고 모색하다.'라는 의미를 담고 있는데, 정부의 불친절한 데이터를 긁어와 시민들이 보기 좋게 시각화한 미러링 사이트였다. 2012년 첫 해커톤을 시작으로 개발자, 디자이너, 공무원들이 모여 누구나 참여할 수 있는 그림자 정부를 만들었다.

이들의 저력은 해바라기 운동 때 발휘되었다. 학생들이 입법원을 점거하자 g0v 활동가들은 랜선과 웹캠을 들고 현장으로 달려가 상황을 전 세계에 생중계했다. 이 사건을 계기로 2014년 12월, 당시 마잉주 국민당 정부의 차이위링 정무위원이 g0v를 찾아와 협력을 요청했다. 보수정권과 진보해커의 기묘한 동거, vTaiwan 프로젝트의 시작이었다.

오드리 탕과 청년정치의 제도화

이 흐름의 중심에 천재 프로그래머 오드리 탕이 있었다. 10대에 창업해 실리콘밸리에서 활약하던 그는 g0v의 핵심멤버로 활동했고 2016년 8월, 35세의 나이로 타이완 최연소 정무위원(장관급)에 발탁되었다.

오드리 탕이 주도한 디지털 민주주의의 핵심은 숙의와 합의였다. 그는 인공지능 토론 도구 폴리스(Pol.is)를 도입해 우버 합법화 등 수년간 묵혀온 사회적 갈등을 4천여 명의 시민 토론을 통해 해결해냈다. 이해관계가 첨예한 사안에서 모두가 동의할 수 있는 공통분모를 AI가 찾아낸 것이다. 또한 그는 장관으로서 모든 회의내용을 녹음해 공개하는 급진적 투명성 원칙을 고수했다.

2020년 팬데믹 당시, 마스크 품귀 현상이 벌어지자 타이난의 하오샹 스튜디오 대표 우잔웨이가 마스크 재고 지도를 개발했다. 오드리 탕은 정부가 직접 앱을 만드는 대신, 민간개발자에게 공공 데이터를 전면 개방하는 방식을 택했다. 그 결과 100여 개의 마스크 배급 관련 앱과 지도가 만들어졌고, 시민들은 줄을 서지 않아도 되었다. 일본 언론은 그를 천재 IT장관이라고 불렀다.

2022년 디지털발전부(數位發展部) 초대 장관이 된 그는 2024년 임기를 마칠 때까지 기술이 통제가 아닌 자유를 위해 쓰일 수 있음을 증명했다. 홍콩 청년들이 감시를 피해 숨어들 때, 타이완 청년들은 정부가 개방한 데이터로 정책을 제안했다. 민주주의는 투표소에서 끝나는 것이 아니라, 일상의 코딩과 클릭을 통해 매일 업데이트되는 것임을 그들은 보여주었다.

일상 속 국가 만들기

투표소로 몰려간 청년들

2024년 1월 13일 토요일, 타이완 제16대 총통 선거 투표율은 71.86%를 기록했다. 타이완에는 부재자 투표, 우편 투표 등의 제도가 없기에 투표를 하려면 반드시 호적지로 가야 한다. 선거일 전날 기차역과 터미널이 고향으로 가는 청년들로 북적이는 이유다. 투표를 마친 청년들은 SNS에 투표소 밖 인증샷을 올리며 "나는 투표했다."라는 해시태그를 단다. 선거 결과, 민진당의 라이칭더 후보가 40.05%를 득표해 당선되었다. 이로써 민진당은 창당 이래 최초로 3연속 집권에 성공하며 '8년 정권교체'의 징크스를 깼다.

하지만 유권자들은 권력을 한 곳에 몰아주지 않았다. 같은 날 치러진 입법원 선거에서 민진당은 과반 확보에 실패했고, 야당인 국민당이 제1당이 되었다. 청년들은 이 결과를 냉정하게 받아들였다. 총통은 민진당을 뽑아 중국을 견제하지만, 의회는 야당을 뽑아 독주를 견제하는 절묘한 균형을 선택했다. 타이완 청년들은 투표가 자신의 미래를 결정하는 가장 강력한 무기임을, 그리고 그 선택이 실제로 정권을 바꿀 수 있다는 효능감을 잘 알고 있다.

타이완 여권을 든다는 것- 소비와 문화로 확인하는 정체성

2021년 1월, 타이완 여권 표지가 17년 만에 바뀌었다. 영문 국호 'REPUBLIC OF CHINA'는 예전보다 작아진 반면, TAIWAN 글자는 표지 중앙에 큼지막하고 선명하게 배치되었다.

이 변화는 2020년 팬데믹이 가져온 결과였다. 타이완이 마스크를 기부하며 세계를 도울 때, 여권 표지의 CHINA라는 글자 때문에 타이완인이 중국인으로 오해받는 일이 많았기 때문이다. 청

2021년 새롭게 디자인된 타이완 여권과 같은 해 '자유의 파인애플' 먹기 캠페인

년들은 분노했다. 사실 이 움직임은 더 일찍 시작되었다. 2015년부터 청년들은 여권의 CHINA 글자를 가리기 위해 타이완국(REPUBLIC OF TAIWAN) 스티커를 붙이고 다니는 인정투쟁을 벌였고, 결국 입법원 결의를 통해 국가의 얼굴인 여권 디자인까지 바꾼 것이다.

이러한 국가 만들기는 거창한 정치투쟁에만 있지 않다. 그것은 소비와 일상 속에 깊이 스며들어 있다. 2021년 2월 중국이 타이완산 파인애플 수입을 금지했을 때, 타이완 청년들은 '자유의 파인애플(Freedom Pineapples)' 먹기 캠페인으로 맞섰다. 그들은 편의점에서 타이완 파인애플맛 맥주를 집어 들었고, SNS 프로필에는 타이완 국기 이모티콘을 내걸었다.

2014년 해바라기 운동 때 입법원 담장을 넘었던 청년들은, 10년이 지난 2024년 투표소에서 한 표를 행사하고 일상에서 타이완 문화를 소비한다. 거창한 혁명가는 아닐지 모른다. 하지만 스스로를 타이완인이라 정의하고, 투표로 정권을 심판하며, 일상에서 타이완의 문화를 소비하는 그들의 모습이야말로 가장 단단한 국가 만들기의 과정이다. 타이완 청년들은 오늘도 투표소에서, 편의점에서, 그리고 SNS에서 매일 자신의 나라를 확인한다.

에필로그: 가라앉지 않는 섬

타이완을 수식하는 말 중 '고아'라는 표현이 있다. 국제사회에서 정식 국가로 인정받지 못하고, UN에서도 배제되었으며, 올림픽에서도 자기 국기를 들지 못하는 나라. 주변 강대국들의 이해관계에 따라 언제든 희생될 수 있다는 불안감이 만들어낸 자조 섞인 별명이다.

하지만 21세기 타이완 청년들은 이 슬픔을 자부심으로 전환했다. 그들은 누가 우리를 인정해주는가를 기다리는 대신, 우리가 누구인가를 스스로 증명하는 길을 택했다. 그 결과 타이완은 아시아에서 가장 진보적인 성평등 국가, 가장 투명한 디지털 민주주의 국가, 그리고 가장 강력한 시민사회를 가진 나라가 되었다.

이 글에서 살펴본 네 가지 장면—교과서, 해바라기 운동, 디지털 민주주의, 일상의 실천—은 하나의 결론을 향한다. 민주주의는 명사가 아니라 동사라는 것이다. 타이완 청년들에게 국가는 고정된 실체가 아니다. 끊임없이 고치고, 참여하고, 소비하고, 투표하며 매일매일 새롭게 만들어가는 과정 그 자체다.

홍콩의 불빛이 흐려지고 동아시아 민주주의가 위협받는 지금, 타이완은 거센 파도 속에서도 가라앉지 않는 단단한 섬으로 떠 있다. 그 부력의 원천은 바로 깨어 있는 시민들의 연대다.

타이완 청년들이 보여준 실천들은, 오늘날 민주주의의 피로감을 호소하는 한국 사회에도 묵직한 질문을 던진다. 우리는 우리의 민주주의를 어떻게 업데이트하고 있는가? 우리는 일상 속에서 얼마나 시민다운가? 타이완 해협의 파도는 여전히 높다. 하지만 스스로 민주주의를 지키고 업데이트하는 청년들이 있는 한, 이 섬은 쉽게 가라앉지 않을 것이다. 타이완 청년들의 실천은 우리에게도 유효한 참조점이다. (김성민)

우산과 마스크
- 홍콩 청년들, 광장에 다시 설 수 있을까?

2019년 6월 9일, 마스크를 쓴 백만 명

2019년 6월 9일 일요일, 홍콩 빅토리아 공원에서 센트럴까지 이어진 거리는 사람들로 가득 찼다. 주최 측 추산 약 103만 명, 홍콩 인구의 약 7분의 1이 거리로 나온 것이다.

검은 티셔츠, 마스크, 고글, 그리고 우산. 2014년 우산을 들었던 그들은 5년 후에 마스크를 쓰고 다시 광장에 섰다. 우산은 최루탄을 막는 방패였고, 마스크는 신원을 숨기는 보호막이었다. 5년 전의 경험이 이들을 더 준비되게 만들었다. 텔레그램으로 실시간 정보를 공유하고, LIHKG(連登)라는 온라인 커뮤니티에서 전략을 논의했다.

"광복홍콩, 시대혁명(光復香港, 時代革命)!"

이 구호는 단순한 법안 반대를 넘어서 있었다. 범죄인 인도 법안, 일명 송환법을 막는 것만이 목표가 아니었다. 이들은 자신들이 누구인지, 무엇을 지켜야 하는지를 외치고 있었다.

계절이 바뀌고 시위가 장기화되기 시작하던 9월부터는 쇼핑몰에서, 지하철역에서, 거리 곳곳에서 한 노래가 울려 퍼졌다.

"민주와 자유여 영원토록 빛나리, 영광이 다시 홍콩에 오길…"

〈홍콩에 영광 있으라(願榮光歸香港)〉. 시위대가 만든 이 노래는 사실상의 국가(國歌)가 되었다. 노래를 함께 부르면서 그들은 확인했다. "우리는 홍콩인이다."

좌절이 만들어낸 '홍콩인'

홍콩대학교가 매년 실시하는 정체성 조사 결과는 극적이다. 2019년, 18~29세 청년 중 약 75%가 스스로를 '홍콩인'이라고 답했다. 그리고 이 연령대의 약 90%가 '나는 중국인으로 불리는 것이 자랑스럽지 않다.'라고 답했다.

불과 10년 전만 해도 상황이 달랐다. 2008년 베이징 올림픽 때 홍콩 청년들은 중국 국가대표팀을 열광적으로 응원하며, "우리도 중국인이야."라고 생각했다. 그때는 그게 자연스러웠다. 왜 이렇게 바뀌게 된 걸까?

2014년, 우산을 든 청년들

2014년 9월 28일, 홍콩 중심가에 수만 명의 학생들이 모여 도로를 점거했다. 중국 정부가 홍콩 행정장관 선거 후보를 사실상 지명하겠다는 결정을 내리자 '진짜 민주주의'를 요구하며 거리로 나선 것이다.

경찰이 최루탄을 쏘았다. 시위대는 우산을 펼쳐 들었다. 그 장면이 전 세계로 송출되었다. 바로 우산혁명이었다. 17살 고등학생 조슈아 웡(黃之鋒)과 수많은 학생들이 거리로 나섰다. "우리는 진짜 보통선거를 원한다(我要眞普選)."라고 외쳤다. 79일간 점거가 이어졌다. 학생들은 천막을 치고, 그곳에서 공부하고 토론했다. 자신들이 원하는 홍콩의 미래를 이야기했다.

하지만 결국 아무것도 바뀌지 않았다. 12월, 경찰이 학생들의 마지막 점거지를 강제해산했고, 학생 지도부는 체포되었다. 중국 정부는 이들의 요구를 단 하나도 받아들이지 않았다.

2014년 홍콩 시위 당시 모습 (출처: 위키미디어 커먼스)

각인된 좌절

그해 가을 거리에 있었던 청년들에게 2014년은 정치적 각성의 순간이자, 뼈아픈 좌절의 순간이었다.

"우리가 아무리 외쳐도 소용없구나."

"79일을 버티며 평화적으로 시위를 했는데, 바뀌는 게 없구나."

기성 민주파 정치인들에 대한 불신이 생겼다. 대화와 타협을 강조하던 그들의 온건한 방식은 통하지 않았다. 중국 정부는 대화할 상대가 아니라는 의견이 주류를 형성하게 되었다.

그래서 청년들 사이에서 새로운 목소리가 나왔다. 홍콩을 최우선으로 생각하는 본토주의가 대두하였고, 이들을 자결파(自決派) 및 본토파(本土派)라고 부르게 되었다. 그들은 더 이상 중국의 틀 안에서 민주화를 바라지 않았다. 대신 홍콩 고유의 정체성을 강조했다. 홍콩의 자결권을, 심지어 독립까지도 이야기하기 시작했다.

2016년 9월, 입법회 선거가 열렸고 이때 자결파 및 본토파 청년들이 약진했다. 23살 네이선 로(Nathan Law, 羅冠聰)를 비롯해 여섯 명의 신진 세력이 의회에 진출했다. 하지만 중국 정부는 이들을 용납하지 않았다. 당선 직후 선서 과정에서 문제를 삼아 일부 의원의 자격을 박탈하기 시작했다. 결국 네이선 로를 포함해, 어렵게 의회에 입성한 의원들 모두 의원직을 상실했다.

2014년 거리의 저항은 실패했다. 2016년 제도권 진입도 그렇게 좌절되었다. 청년들은 더 이상 물러설 곳이 없다고 느꼈다. 이 좌절과 분노, 그리고 절박함은 마음속 깊이 쌓여갔다.

홍콩인을 만드는 것

그렇다면 이 청년들에게 '홍콩인'이란 무엇일까?

그것은 피로 이어진 혈연이 아니었다. 중국 본토에서 이주해 온 지 몇 년밖에 안 된 사람도, 광둥어를 유창하게 구사하지 못하는 사람도, 함께 법치와 자유를 지키겠다고 나선다면 그는 홍콩인이었다.

이들이 공유한 것은 혈통이 아니라 가치였다. 법치, 사법부 독립, 표현의 자유, 언론의 자유, 집회의 자유. 영국 식민 통치의 유산으로 여겨지는 이 가치들은 중국 본토의 권위주의 체제와 홍콩을 구분하는 핵심이었다. 이를 시민적 민족주의라고 부를 수 있다.

중국의 공식 표준인 보통화와 간체자가 아닌, 홍콩 고유의 광둥어와 번체자에 대한 자부심도 있었다. 중국의 인터넷은 엄격한 검열하에 있지만, 홍콩의 LIHKG는 자유로운 여론의 광장이었다.

2019년의 시위에서 "광복홍콩, 시대혁명(光復香港, 時代革命)", "홍콩인들 파이팅!(香港人加油!)" 등의 구호가 울려 퍼진 것은 우연이 아니었다. 이들은 중국이라는 제국적 질서에 맞서, 혈통이 아닌 가치에 기반한 자신들의 고유한 정치공동체를 상상하고 있었다.

물처럼 싸우다 - Be Water

2019년 6월, 송환법이 도화선이 되었다. 이 법안이 통과되면 홍콩에서 체포된 사람을 중국 본토로 송환할 수 있었다. 청년들에게 이는 홍콩과 중국 본토를 구분하는 마지막 방화벽이 무너지는 것을 의미했다.

"이 법안이 통과되면 홍콩은 끝이다."

그 절박함이 약 200만 명(주최 측 추산)을 거리로 나오게 했다. 이는 단순한 법안 반대가 아니라, 정체성 사수의 투쟁이었다.

2019년 홍콩 시위 당시 모습 (출처: 위키피디아)

중심 없는 저항

2019년 시위의 가장 큰 특징은 '지도부가 없다'는 것이었다. 2014년 우산혁명 때 지도부가 체포되자 운동이 와해되는 것을 목격한 청년들은, 이번에는 의도적으로 중심 지도부(大台)를 배제했다.

대신 LIHKG와 텔레그램을 통해 수평적으로 소통했다. 누군가 시위 장소와 시간을 제안하면, 다른 이들이 댓글로 의견을 나누고, 투표로 결정했다. 특정 장소를 고수하지 않고 물처럼 유연하게 모였다가 흩어졌다. 이른바 'Be Water' 전술이었다.

권법 수련 관련 브루스 리의 명언에서 따온 이 표현은 2019년 시위의 상징이 되었다. "물처럼 되라. 형태가 없고, 모양이 없다. 물을 컵에 부으면 컵이 되고, 병에 부으면 병이 된다. 물은 흐를 수도 있고, 부딪힐 수도 있다."

경찰이 애드미럴티에 집결하면, 시위대는 몽콕으로 이동했다. 한 곳이 봉쇄되면, 다른 여러 곳에서 동시에 시위가 벌어졌다. 잡을 수 없는 저항이었다.

공동의 목표, 각자의 방식

더 중요한 원칙이 있었다. 그건 바로 '공동의 목표, 각자의 방식(兄弟爬山, 各自努力)'.

평화적 방식(和理非: 평화, 이성, 비폭력)으로 시위하는 사람도 있었고, 화염병을 던지는 무력적 방식(勇武)을 택하는 사람도 있었다. 2014년에는 이런 노선 차이가 내부 분열로 이어졌다.

하지만 2019년에는 달랐다. "공동의 목표를 공유한다면, 방식의 차이로 서로를 비난하거나 분열하지 않겠다." 이것이 세대적 합의였다. '불할석(不割蓆)' 이 세 글자로 표현되는데, 직역하면 '앉는 자리를 나누지 않는다.'이고, 의역하자면 분열하지 않을 것임을 의미했다.

이런 원칙에 따라 어떤 시위대는 입법회를 점거했고, 어떤 이들은 쇼핑몰에서 노래를 불렀다. 누군가는 인터넷에서 정보를 번역해 해외에 알렸고, 또 다른 사람들은 부상자를 실어 나르고 치료했다. 모두가 각자의 방식으로 저항에 참여했다. 그리고 각자의 방식과 행동을 존중했다.

일상이 된 저항

지하철역 벽에는 수천 장의 포스트잇이 붙어 있었다. 그 유명한 레논 벽(連儂牆)이었다.

"힘내세요, 홍콩/홍콩인!"

"우리는 늘 함께 있어요!"

"오늘 오후 3시, 센트럴에서 모여요!"

누가 시킨 것도 아니었다. 퇴근길에, 등교길에, 사람들은 가방에서 포스트잇을 꺼내 자신의 메시지를 남겼다. 중앙의 통제 없이 시민들이 자발적으로 의견을 표출하고, 서로를 격려하며, 정보를 공유하는 탈중심적 광장. 이 작은 종이쪽지들은 거대한 목소리가 되었다.

그리고 황색경제권(黃色經濟圈)도 나타났다. 시위를 지지하는 황색가게를 이용하고, 홍콩 정부나 중국 자본과 연계된 남색·적색가게는 불매하는 운동이었다. 소비라는 일상적 행위가 정체성을 확인하는 실천이 되었다.

2019년 레논 벽과 레논 계단 (출처: 위키미디어 커먼스)

거리에서 다시 태어난 우리

정체성이 저항을 만들었을까, 아니면 저항이 정체성을 만들었을까? 홍콩 청년들의 경우, 이 둘은 나선형 계단을 오르듯 서로를 밀어올렸다. '나는 홍콩인이다.'라는 자각이 거리로 나서게 했고, 거리에서의 경험이 다시 '우리는 홍콩인이다.'라는 확신을 보다 단단하게 만들었다.

시위 현장에서 함께 〈홍콩에 영광 있으라〉를 부르고, 경찰의 폭력에 함께 맞서고, 서로를 보호하며 '한 명도 빠짐없이(一個都不能少)'를 외쳤던 공동체적-집단적 경험. 그 자체로 강력한 감정적 유대와 운명 공동체로서의 인식을 형성했다.

특히 시위가 격화되면서 발생한 홍콩경찰의 과잉진압은 집단적 트라우마가 되었다. 2019년 8월 31일 프린스 에드워드역에서 경찰이 지하철 내부로 진입해 무차별 진압을 했다는 의혹이 퍼졌다. 11월에는 홍콩중문대학과 홍콩이공대학이 경찰에 포위되어 공성전 같은 상황이 벌어졌다.

이 과정에서 '저항하는 우리'와 '억압하는 저들(홍콩정부 및 중국 당정)'이라는 대립 구도가 선명해졌다. 홍콩인이라는 정체성은 추상적인 관념을 넘어, 거리에서 함께 싸우는 저항 공동체로서의 구체적인 실체가 되었다.

비어버린 광장, 그러나

2020년 7월 1일, 홍콩 국가보안법이 시행되었다. 분리주의, 전복, 테러, 외국 세력과의 결탁 등을 처벌한다는 명목이었다. 최고 형량은 무기징역.

'광복홍콩, 시대혁명'을 외치는 것만으로도 처벌받을 수 있게 되었고, 〈홍콩에 영광 있으라〉를 공개적으로 부를 수 없게 되었다. 또한 레논 벽은 철거되었고, LIHKG의 게시글들은 삭제되기 시작했다. 빅토리아 공원에서 열리던 6·4 천안문 추모 집회도 금지되었다. 우산을 들고, 마스크를 쓰고 광장에 섰던 청년들. 이제 그 광장은 비어 있게 되었다.

떠난 이들, 남은 이들

그 이후에 많은 청년들이 홍콩을 떠났다. 영국 정부는 BNO(영국 해외시민) 여권 소지자들에게 이주 경로를 열어주었고, 2021년부터 2024년 3월까지 약 14만 4천 명이 영국으로 이주했다. 그 외에 캐나다, 호주, 타이완으로 떠난 이들도 많다.

런던 차이나타운 근처에서, 토론토 대학 캠퍼스에서 그들은 여전히 홍콩을 기억하고 있다. 6월 4일이면 촛불을 밝히고, 6월 9일이면 모여서 〈홍콩에 영광 있으라〉를 부른다. 디아스포라가 된 청년들은 해외에서 홍콩인으로서의 정체성을 유지하며, 세계에 홍콩의 상황을 알리는 일을 계속한다.

홍콩에 남은 이들은 어떻게 살아가고 있을까? 표면적으로는 조용하다. 대규모 시위와 저항은 더 이상 벌어지지 않는다. 그런데 일상 속 미시적 저항은 계속되어 왔다.

여전히 황색가게를 찾아가는 사람들이 있다. 광둥어를 고집하고, 번체자로 글을 쓰는 청년들이 있다. SNS 프로필에 검은 사각형을 달아두거나, 6월 4일 집에서 혼자 촛불을 켜는 이들이 있다.

눈에 잘 띄진 않지만, 그들은 자신만의 방식으로 홍콩인이기를 포기하지 않고 있는 것이다.

2024년 5월, 홍콩 법원은 2020년 비공식 예비선거를 주도한 47명 중 45명에게 유죄를 선고했고, 같은 해 11월 형량이 확정되었다. 그중에는 2014년 우산혁명을 이끌었던 학생 지도부 중 한 명인 조슈아 웡도 있었다. 한때 수많은 홍콩인들이 함께 불렀던 〈홍콩에 영광 있으라〉는 이제 금지곡이 되었다.

우산과 마스크, 그 이후

2014년, 그들은 우산을 들었다. 최루탄을 막기 위해서였다. 평화적으로 79일을 버텼지만 아무것도 바뀌지 않았다. 2019년, 그들은 마스크를 썼다. 신원을 숨기고, 더 준비된 방식으로 싸웠다. 200만 명이 거리로 나왔지만, 결국 국가보안법이 내려왔다.

이제 광장은 비어 있다. 우산도, 마스크도 더 이상 보이지 않는다.

하지만 질문은 남는다.

그들은 다시 광장에 설 수 있을까? 2014년의 우산과 2019년의 마스크 이후, 세 번째 물결은 올 수 있을까?

어떤 이들은 다른 땅에서 홍콩을 기억하고 있고, 어떤 이들은 홍콩에 남아 조용히 자신의 자리를 지키고 있다. 이처럼 광장은 봉쇄되었지만, 저항의 양상과 형태는 변화하였다. (물론 좌절과 체념, 또는 고문과 억압으로 견해와 입장을 바꾼 이들도 적지 않다.)

2019년 여름과 가을, 홍콩 곳곳의 거리와 광장과 학교 등을 가득 메웠던 사람들이 함께 불렀던 〈홍콩에 영광 있으라〉. 그 노래는 자유를 향한 갈망, 그리고 어둠 속에서도 꺼지지 않을 희망을 노래했다.

그 갈망과 희망은 사라진 것일까, 아니면 보이지 않는 곳에서 여전히 타오르고 있는 것일까. 언젠가 다시 거리와 광장에 설 수 있는 날이 올까?

그 답은 아직 쓰여지지 않았다. 그리고 그 답을 써 내려갈 주인공들은, 여전히 홍콩을 기억하는 청년들, 시민들일 것이다. (김성민)

교실 밖으로 나선 아이들
- 기후위기와 청소년 기후행동[1]

들어가며: 기후변화와 청소년

1992년 브라질의 리오 데 자네이로(Rio de Janeiro)에서 열린 지구정상회의에서 유엔기후변화협약(UN Framework Convention on Climate Change)이 채택된 이후, 국제사회는 기후변화(climate change)를 인류의 미래를 위협하는 초국가적 과제로 인식하며 대응책을 모색해 왔다. 1997년 교토의정서(Kyoto Protocol), 2015년의 파리협정(Paris Agreement)은 이러한 흐름 속에서 등장한 국제적 협약이라 할 수 있다. 오늘날 국제사회의 각국 정부는 파리협정의 당사국으로서 온실가스 감축과 기후 적응 계획을 자발적으로 수립하고 이행 중에 있다.

---

1   이 글은 저자가 2020년에 게재한 다음 논문을 토대로 재구성하였음을 밝힌다. Han, H., & Ahn, S. W. (2020). "Youth Mobilization to Stop Global Climate Change: Narratives and Impact", *Sustainability*, 12(10), 4127.

그러나 2025년 11월 브라질의 아마존 관문 도시 벨렝(Belém)에서 개최된 제30차 유엔기후변화협약 당사국총회(COP30)는 지구 평균 온도 상승을 산업화 이전 대비 2℃보다 훨씬 아래로 유지하고, 가능하면 1.5℃까지 제한하자는 파리협정의 목표 달성이 요원함을 다시 확인시켜 주었다. 총회 참가자들은 파리협정 10주년을 맞아 각국 정부가 2035년 국가 온실가스 감축 목표를 상향 조정하고 전 지구적 기후 행동을 가속화해야 한다는 데 공감했으나 구체적인 방법론에 있어서는 선진국과 개도국 등을 포함한 다양한 집단 간 갈등과 이견이 표출되었다.

기후변화 문제 해결을 위한 국제적 차원의 노력과 협력이 큰 진전을 낳지 않는 가운데, 기후변화는 점차 '기후위기'로 격상되며 국가와 지역사회, 산업 및 경제활동, 개개인의 일상의 삶과 생태계 전반에 파괴적인 영향을 미치고 있다. 홍수, 가뭄, 산불, 한파, 폭염과 같은 재해는 더 잦고 강해지고 있으며 사회적, 경제적 피해 규모 역시 증가하고 있다.

하지만 기후변화로 인한 부정적 영향이 모든 집단에 동일하게 나타나는 것은 아니다. 물리적 조건, 경제적 자원, 정치적 힘과 사회적 자본 등 다양한 요인에 따라 기후 리스크와 취약성은 국가와 계층마다 크게 다르다. 일례로 자원과 기술을 보유한 선진국은 상대적으로 높은 회복력을 갖지만 개발도상국은 기후 재해 앞에서 훨씬 취약하다. 한 국가 안에서도 여성, 아동, 장애인, 노인 등 사회적 약자에게 기후위기는 더욱 가혹하다.

이 글은 기후 취약 집단 가운데 아동 및 청소년에 주목한다. 기후변화를 다룬 선행연구들은 아동과 청소년을 기후위기에 취약한 '피해자'로 묘사해 왔다. 그러나 최근 연구와 담론은 아동과 청소년을 변화의 주체이자 적극적인 기후정치의 행위자로 조명하고 있다. 특히 2018년 그레타 툰베리(Greta Thunberg)의 1인 기후 파업 시위를 기점으로 확산된 글로벌 청소년 기후운동은 단순한 거리 시위를 넘어 국제기구와 정부의 정책 과정에까지 파고들며 일정한 영향을 미치고 있다. 이는 청소년이 더 이상 "미래의 피해자"에 머무르지 않고, 세대 간 기후정의와 정책 변화를 이끄는 규범 기업가(norm entrepreneur) 내지는 정책 기업가(policy entrepreneur)로 부상하고 있음을 보여준다.

글로벌 청소년 기후운동

그레타 툰베리와 청소년 기후운동

1992년 리우 지구정상회의에 참가한 12세의 세번 컬리스 스즈키가 세계 지도자들 앞에서 기후변화에 직면해 기성세대의 변화를 촉구한 연설은 기후정치에서 청소년이 목소리를 낸 최초의 상징적 순간일 것이다. 이 청소년은 우리들의 미래에 영향을 미칠 중요한 결정은 대부분 나이 든 남자들이 하고 있다고 말하며, 기후변화로 인한 피해가 미래세대에 더 과중하게 적용될 것임에도 이들이 의사결정에 참여하지 못하고 있다는 점을 지적하였다. 이 외침은 박수갈채를 받았으나 곧 잊혀졌다.

약 25년 후인 2018년 8월, 스웨덴 의회 의사당 앞에서 '기후를 위한 학교 파업'(school strike for climate)이라는 팻말을 들고 1인 시위를 펼치던 15세의 그레타 툰베리는 이 침묵을 깨뜨렸다. 이 시위는 곧 '미래를 위한 금요일'(Fridays for Future)로 불리는 글로벌 청소년 기후운동으로 확산되었다. 2018년 12월에는 유럽 270개 이상의 도시와 마을에서 2만 명 이상의 학생들이 툰베리의 기후를 위한 학교 파업 운동에 동참했다. 청소년들은 특히 인스타그램, 트위터, 페이스북, 유튜브 등의 소셜미디어를 활용해 #FridaysForFuture(FFF), #ClimateStrike와 같은 메시지를 전 세계로 퍼뜨리며 자신들의 활동을 대외적으로 알리고 또래들과 연대했다. 2019년 1월이 되면서 청소년 기후 운동은 더욱 확대되어 벨기에에서만 3만 5천 명의 학생이 등교 거부 운동에 참여했고 이를 비난한 환경부 장관이 여론의 역풍을 맞으며 사퇴하는 일까지 벌어졌다. 2019년 3월 15일 120~125개국이 참가한 제1차 글로벌 기후 시위에는 약 140만~160만 명이 동시에 참여한 것으로 집계되었다. 또한 같은 해 9월 20일~27일 사이 약 730만 명이 "Week for Future"(미래를 위한 일주일)라는 구호 아래 거리에 결집해 기후변화 대응을 촉구하는 시위를 전개하였는데, 청소년들이 이 운동의 주축을 형성했다.

타임지가 선정한 2019년 올해의 인물이기도 한 그레타 툰베

타임지가 2019년 올해의 인물로
뽑은 그레타 툰베리

리로부터 시작된 불씨는 이처럼 환경 운동 역사상 최대 규모의 동시다발 행동으로 기록되며 확산되었다. 2018년에서 2019년 사이 발생한 이러한 일련의 사건은 미래세대인 청소년들이 기후변화의 정치 및 정책 과정에서 피해자로 남아 있기보다는 정부와 기업의 미온적 기후변화 정책과 책임 회피, 관성을 비판하고 신속한 대응과 변화를 촉구하는 행동의 주체로 부상했음을 보여준다. 이들 청소년들은 자신들이 겪게 될 미래의 피해를 세대 간 정의(intergenerational justice)의 문제로 지적하며 기득권을 가진 어른 세대들의 각성과 행동 변화를 촉구하였다.

부정의(injustice)를 문제화하고 각성을 촉구함과 더불어 청소년들은 기후과학에 대한 이해와 지식을 토대로 국제사회와 정부의 감축 목표 상향 조정, 탈석탄, 재생에너지의 확대와 같은 구체적인 정책을 요구했다. 청소년들은 기성세대에 비해 일상에서 이미 더 빈번한 기후 재난, 극한 기상, 생태 변화의 현실을 체감해왔으며 학교 교육과 미디어를 통해 기후 과학 및 지식을 접해왔다. 따라서 청소년 기후운동은 도덕적, 윤리적 호소에 머무르지 않고 과학적 근거와 정책적 대안을 갖춘 세대의 목소리로 정치권을 압박하며 기후정치의 새로운 주체로 부상하기 시작했다.

거리에서 제도권으로

이러한 일련의 과정에서 주목할 만한 점은 청소년들의 구호가 운동 참가자 집단과 거리, 그리고 이들의 또 다른 활동 무대인 소셜미디어를 넘어 공식적 정책 결정 채널과 제도권에도 진입하며 점진적인 영향을 미치기 시작했다는 점이다.

2019년 9월 21일 유엔은 사상 최초로 UN Youth Climate Summit(유엔 청년 기후 정상회의)을 소집하고 18세에서 30세의 기후 챔피언(climate champion) 500여 명을 초청하였다. 기존에 유엔기후변화협약은 아동 및 청소년들의 비정부 단체들을 Youth NGO(YOUNGO)로 인정해 왔으나, 청년 기후 정상회의를 계기로 청소년을 독립된 기후 정책 행위자로 인정하였다. 구테흐스(António Guterres) 유엔 사무총장은 이 정상회의에서 여러분 세대가 우리(기성세대)의 실패를 바로잡고 있다고 인정하며 청소년과 청년의 기후 운동에 정당성을 부여하였다.

이 기후 정상회의 기간 중 그레타 툰베리는 아르헨티나, 마셜제도, 프랑스, 독일, 미국의 아동 청소년 15인과 국제사회와 정부의 기후변화 대응 부족이 아동의 권리 침해라고 주장하며 유엔아동권리협약(UN Convention on the Rights of the Child)에 공식 진정을 제기했다. 이어 2019년 12월 스페인 마드리드에서 개최된 COP25에서 몇몇 정부들과 청년 활동가들은 아동청년기후행동선언

(Declaration on Children, Youth, and Climate Action)에 서명함으로써 기후 위기를 청소년과 아동의 건강한 환경에 대한 권리의 위기로 보고 기후정책의 수립 및 이행 과정에서 이들 이해당사자의 참여 확대 필요성을 주창하였다. 또한 아동과 청소년의 교육 및 역량 강화를 위한 투자를 약속했다.

그레타 툰베리의 연설, 전 세계적 청소년 기후 시위, 그리고 이들에 대한 광범위한 미디어 보도는 국제기구와 정부의 변화를 촉구하는 아래로부터의 목소리로 작용했다. 또한 몇몇 정치 지도자들에게는 정책적 변화의 명분과 압력으로 작용했을 수 있다. 청소년 기후운동은 또한 노동조합이나 미국교사연합(American Federation of Teachers) 등 교원 단체, 환경단체 등 시민사회로부터 광범위한 지지를 받음으로써 기후변화 정책의 변화가 미래세대를 위한 정의 구현뿐만 아니라 노동과 교육의 관점에서도 필요함을 보여주었다.

청소년 기후 운동은 이러한 과정을 통해 단순한 사회운동을 넘어 국제기구 및 정부 차원에서의 논의의 장과 정책 형성 과정에도 영향을 미쳐왔다. 2019년 청년 기후 정상회의 개최 직후인 9월 23일 개최된 유엔 기후행동정상회의(UN Climate Action Summit)에서 약 65개 정부와 유럽연합(EU)은 2050년까지 넷제로(탄소 순배출이 0이 되는 상태) 달성을 목표로 선언했고, 일부 국가들은 석탄 발전의 조기 폐지, 재생에너지로의 전환 가속화 등을 약속했다.

또한 청소년 기후 운동이 진행되는 과정에서 유럽의 몇몇 정부는 보다 적극적인 기후변화 정책 조치의 도입을 검토했다. 독일 총리 앙겔라 메르켈은 2038년까지 독일 전력 부문의 탈석탄 결정을 발표하면서 해당 결정이 미래를 위한 금요일 시위에 영향을 받았음을 인정했다. 프랑스 마크롱 대통령은 청소년의 기후 파업 운동에 대해 정부가 아무런 조치 없이 그냥 지켜볼 수는 없으며, 파리협정이나 EU의 상향 조정된 기후 목표에 배치하는 국가와는 향후 무역협정을 고려하지 않겠다고 선언했다.

물론 청소년 기후 운동의 주체인 아동 및 청소년들이 제도적 차원의 정책결정 과정에 직접 참여할 수는 없다. 따라서 2018년 그레타 툰베리의 시위가 촉발한 글로벌 청소년 기후운동이 유엔이나 유엔기후변화협약의 당사국 총회가 주도하는 회의 등 정책 과정이나 특정 정부의 기후변화 정책 형성에 직접적인 영향을 미쳤다는 인과관계를 입증하기는 어렵다. 그러나 2018년에서 2019년까지의 사건과 과정을 추적(process tracing)하고 사후가정사고(counterfactual thinking)를 적용했을 때 전 지구적 수준에서 청소년 기후 운동이 없었더라면 과연 위에서 논한 일련의 점진적 변화가 일어났을지 의문이다. 이렇듯 청소년 기후운동이 불러온 파급력으로 인해 2019년 콜린스 사전은 올해의 단어로 기후파업(climate strike)을 선정하기도 했다.

청소년이 주체로 조직하고 참여해 온 기후변화 운동은 전 세계적으로 확산되며 기후소송(climate litigation)과 같은 다른 방식의 기후 행동으로도 이어졌다. 일례로 그레타 툰베리와 미래를

한국 청소년의 기후 헌법소원 부분 승소 기자회견
출처: 중앙일보(2024)

위한 금요일 운동에 영향을 받은 한국의 청소년들 또한 2020년
을 전후로 기후 운동을 조직, 전개해 왔다. 이들 청소년 중 19명
은 2020년 3월 대한민국 정부의 미흡한 온실가스 대책에 대해
헌법소원을 청구했다. 헌법재판소는 본 청소년 기후소송 건과 이
후 제기된 시민 기후소송, 아기 기후소송 등을 병합해 2024년 4
월, 5월 공개 변론을 개최하였다. 8월에 내려진 최종 판결에서 헌
재는 한국 정부가 2021년 9월에 제정한 탄소중립기본법은 2031
년에서 2049년까지의 감축 목표를 제시하지 않음으로써 기후위
기에 대한 보호조치로서 충분하지 못하며 헌법과 불합치하므로
국회로 하여금 2026년 2월까지 개정 입법을 만들도록 주문했다.
청소년들은 아시아의 기후소송 사례에서 부분적이긴 하나 최초
의 승소 사례를 기록한 이 기후소송 운동 전반에 걸쳐 주체로서
활동했다. 이들은 정부가 과중한 기후변화 대응 부담을 미래세

대로 이전함으로써 이들이 안전하고 존엄한 삶을 살 권리를 침해했다고 주장하였다. "청소년기후행동"이라는 이름으로 활동한 이 청소년들은 헌재의 판결이 기후위기 속에서 존재하는 삶을 보호해야 할 정부의 역할을 인정한 사회적 선언이며 이번 선고를 토대로 청소년들의 활동을 지속할 행동 기반이 될 것이라고 밝혔다.

나오며

기후변화라는 국제적 이슈의 관점에서 청소년들은 종종 피해자나 취약 계층으로 묘사되어 왔다. 기후변화 문제 해결이 답보 상태를 면치 못하고 국제사회가 탄소집약적 경제·사회로부터 구조적 전환을 이루지 못한다면 미래세대인 청소년은 정부, 기업, 기성세대가 초래한 기후변화의 피해와 대응 비용 부담을 떠안게 된다. 기후위기가 심화될수록 청소년의 미래는 더욱 위험해진다. 이러한 조건에서 청소년은 강력한 도덕적 권위와 정당성을 지니지만, 실질적 협상력이나 제도적 권한은 제한적일 수밖에 없다.

그러나 그레타 툰베리의 1인 시위로 촉발된 글로벌 청소년 기후운동은 청소년이 기후정치의 주변부가 아님을 보여주었다. 이들은 거리에서부터 국제기구의 회의장과 법정까지 활동 영역을 확장하며, 기후정책이 더 이상 환경문제에 국한되지 않고 세대 간

정의, 권리, 민주주의, 사회구조 전반의 문제임을 일깨웠다.

　기후변화 해결을 위한 국제적 차원의 협약과 기구, 국가 및 지역사회 수준에서 청소년 그룹의 대표성을 인정하는 장이 만들어지고 있지만 이들의 참여는 여전히 상징적, 장식적 수준에 머물러 있다. 앞으로 기후정책은 청소년의 참여를 보장하고 실질적 역량을 강화하는 방향으로 설계될 필요가 있다. 특히 글로벌 사우스와 사회적 취약계층의 청소년은 기후위기를 더 심각하게 경험하면서도 정책적 발언권은 부족하므로 이들을 위한 자원 지원과 제도적 기회 확대, 교육을 통한 역량강화가 필요하다. (한희진)

참고문헌

1부

나도 청년이 맞나요?

김선기(2017), 「청년-하기를 이론화하기: 세대 수행성과 세대연구의 재구성」, 『문화와 사회』 25, 161-210.

이기훈(2014), 『청년아 청년아 우리 청년아-근대, 청년을 호명하다』, 돌베개.

べてるしあわせ研究所(베델의집 행복 연구소)(2009), 『レッツ! 当事者研究 1』. 이진의 옮김(2016), 『베델의 집 렛츠! 당사자연구』, EM커뮤니티.

Bourdieu, Pierre(2018), *Classification Struggles: General Sociology*, Volume 1, Polity Press.

Fournier, Lauren(2022), *Autotheory as Feminist Practice in Art, Writing, and Criticism*. 양효실 · 김수영 · 김미라 · 문예지 · 최민지 옮김(2025), 『자기 이론-자기의 삶으로 작업하기』, 마티.

Morris, Rosalind C. (ed.)(2010), *Can the Subaltern Speak?: Reflections on the History of an Idea*. 태혜숙 옮김(2013), 『서발턴은 말할 수 있는가?-서발턴 개념의 역사에 관한 성찰들』, 그린비.

White, Jonathan(2013), Thinking generations, *The British Journal of Sociology* 64(2), 216-247.

청년 루쉰과 그가 본 '청년'

이기훈, 『청년아 청년아 우리 청년아-근대, 청년을 호명하다』, 돌베개, 2014.

최성민, 「'청년' 개념과 청년 담론 서사의 변화 양상」, 2012.

송인재, 「초기 『신청년』에서 전개된 '청년' 담론의 기원과 성격」, 『인문과학』
    제45집, 2010.
藤井省三, 『魯迅事典』, 三省堂, 2002.
汪沛·马梅·罗文慧, 「从"询唤"到"制造"：〈新青年〉与〈中国青年〉
的青年认同建构及其媒介机制」, 『传媒观察』, 2025年 第4期.

2부

반항적 청년 vs 순종적 청년

〈사라진 계층 이동 사다리, 성인 60% 노력해도 어렵다〉, 『세계일보』
    (2021.11.17.)
〈'대통령 탄핵 인용' 'N포 세대'의 첫 경험, 달콤한 정치적 승리감〉, 『동아일
    보』(2017.3.10.)
〈2년 사이 '은둔형 외톨이' 2배로⋯결혼·출산 의향도 크게 줄어〉, 『중앙일
    보』(2025.3.11.)
〈中 '탕핑족' 佛 '희생당한 세대'⋯ 세계 각국 확산되는 'N포세대'〉, 『동아일
    보』(2021.12.1.)
〈중장년층 히키코모리 확산〉, 『일요신문』(2011.2.14.)
〈부모 뽑기 '오야가차'에서 꽝이? 한국 흙수저와 닮은꼴〉, 『한국일보』
    (2021.10.16.)
박석진, 「중국의 996 근무관행과 과로사」, 한국노동연구원, 『국제노동브리
    프』, 2019년 12월호, pp.101-109.

도시주의 시선으로 본 청년도시

Florida, R.(2002), *The rise of the creative class: And how it's transforming
    work, leisure, community and everyday life*, Basic Books.
Glaeser, E.(2011), *Triumph of the city: How our greatest invention makes us*

richer, smarter, greener, healthier, and happier, Penguin Press.

Jacobs, J.(1961), *The death and life of great American cities*, Random House.

Purcell, M.(2014), Possible worlds: Henri Lefebvre and the right to the city. *Journal of urban affairs* 36(1), 141-154.

Sennett, R.(2017), The open city, *In The Post-Urban World*(pp. 97-106). Routledge.

서울특별시(2018-2025), 「청년 주거 실태 및 주거빈곤 관련 보고서」, 서울특별시 도시연구소.

항저우는 왜 청년 친화적인가

이중희, 2025, 『중국 남방도시 여행: 모바일만 들고 떠나는』, 산지니.

이중희, 2025.8.1, "항저우 모델: 배경, 핵심 내용 및 전망", 중국전문가포럼, 대외경제정책연구원.

이중희, 2025, 「청년 친화성을 중심으로 한 항저우 모델 연구」, 『中國學』 제92집, 대한중국학회.

이중희, 2025, 「중국의 청년을 대상으로 한 도시 발전 전략으로의 전환: 청년 발전형 도시 건설 사업」, 『인문사회과학연구』 26(4), 국립부경대 인문사회과학연구소.

杭州网, 2023.12.23, "항저우의 주요 인재 정책 "봄비 계획" 발표", 이중희(역), 중국여행 중국이야기 네이버 블로그.

杭州网, 2025.06.27, "《항저우시 인민대표대회 상무위원회의 청년 발전형 도시건설 강화에 관한 결정》에 관한 집행 보고", 이중희(역), 중국여행 중국이야기 네이버 블로그.

杨小磊, 邵明霞, 2025, "분투 정신으로 청년들의 내권과 탕핑 현상을 해소한다", 이중희(역), 중국여행 중국이야기 네이버 블로그.

小кＫ小2000, 2025.05.30, "출생 인구 반 토막 나는 데 7년밖에 걸리지 않았다!

중국의 출산율이 전 세계 꼴찌에서 두 번째로 떨어졌다!", 이중희(역),
　　　중국여행 중국이야기 네이버 블로그.

浙江在线, 2025.05.23, "청년과 도시는 어떻게 하면 서로 더 잘 달려갈 수 있
　　　나? "대표 통로"에서 항저우시 인민대표대회 대표 차이메이창이 저장
　　　온라인 기자의 질문에 답변", 이중희(역), 중국여행 중국이야기 네이버
　　　블로그.

청년재단 홈페이지(www.kyf.or.kr) 〉 청년사업 〉 청년친화도시 운영지원

일본으로 건너간 중국 청년들

実藤恵秀, 『中国留学生史談』(1981)

大里浩秋·孫安石編, 『中国人日本留学史研究の現段階』(2002)

川島真の他編, 『ようこそ中華世界へ』(2022)

청년의 포텐, 스쾃

강현수, 『도시에 대한 권리: 도시의 주인은 누구인가』, 책세상, 2010.

김강, 『스쾃-삶과 예술의 실험실』, 문화과학사, 2008.

김동규, 「공공미술과 장소서사: 함부르크의 파크 픽션을 중심으로」, 『로컬서
　　　사와 재현』, 소명출판, 2017.

김동규, 『공공예술의 철학, 임계의 미학』, 산지니, 2025.

미셸 푸코, 『감시와 처벌』, 나남, 2011.

미스 핏츠, 『청년, 난민 되다』, 코난북스, 2015.

한나 아렌트, 『인간의 조건』, 한길사, 2003.

한나 아렌트, 『전체주의의 기원 2』, 한길사, 2006.

이재임, 「도시 한가운데 공공임대주택을」, 『경향신문』, 2025년 11월 24일.

3부

도파민 세대라는 오해

Carr, N. (2011), *The shallow: What the Internet is doing to our brains*, W. W. Norton & Company. 최지향 옮김(2011),『생각하지 않는 사람들: 인터넷이 우리의 뇌 구조를 바꾸고 있다』. 청림출판.

Haidt, J. (2024), *The anxious generation: How the great rewiring of childhood is causing an epidemic of mental illness*, Penguin Press. 이충호 옮김(2024),『불안 세대: 디지털 세계는 우리 아이들을 어떻게 병들게 하는가』, 웅진지식하우스.

Spitzer, M. (2012), *Digitale demenz: Wie wir uns und unsere Kinder um den Verstand bringen*, Droemer HC. 김세나 옮김(2013),『디지털 치매: 머리를 쓰지 않는 똑똑한 바보들』, 북로드.

Turkle, S. (2012), *Alone together: Why we expect more freom technology and less from each other*, Perseus Books Group. 이은주 옮김(2012),『외로워지는 사람들: 테크놀로지가 인간관계를 조정한다』, 청림출판.

Twenge, J. (2017), *iGen: Why today's super-connected kids are growing up less rebellious, more tolerant, less happy and completely unprepared for adulthood*, Atria Books.

15초의 욕망

고윤실,『드라마를 보다 중국을 읽다』, 나름북스, 2020.

류하이룽 편저, 김태연 외 옮김,『아이돌이 된 국가』, 도서출판 갈무리, 2022.

한국콘텐츠진흥원,「중국 콘텐츠 산업동향-숏폼 드라마 전성시대: 미단극을 아시나요?」2024년 10호.

윤지영,「쇼츠 드라마의 발전 가능성에 대한 고찰: 중국 '대영박물관 탈출' 사례분석을 중심으로」,『차세대융합기술학회논문지』제8권 제3호, 2024.

류성헌, 「20분도 인되는 웹드라마가 일주일 만에 3억 뷰? 중국 숏폼 웹드라
    마의 폭발적인 성장」, 『신문과 방송』 2024년 2월호.

일본영화 속 청년들의 정동

사라 아메드, 2023, 『감정의 문화정치: 감정은 세계를 바꿀 수 있을까』, 오월
    의봄.

최성희, 2020, 「모빌리티의 정동과 문화의 자리: 떠남과 만남, 그리고 정중동
    (靜中動)」, 『코리토』 통권 90호.

일본후생노동성, 2013, 『2013년판 후생노동백서-젊은이들의 의식 조사』

(https://www.mhlw.go.jp/wp/hakusyo/kousei/13/)

덕질과 애국 사이

김상호, 「일본문화가 몰려온다?」, 『게임 라이프』 1998년 10월호, 게임 라이프.

김효진, 「오덕후, 후조시 그리고 우익 콘텐츠 논쟁: 「칸코레」와 「도검난무」의
    사례」, 『도미노 DOMINO Vol.7』, G&Press, 2015.

김성민, 『일본을 금하다』, 글항아리, 2017.

만화가 야마다 킨테츠의 트위터 계정(https://x.com/KintetsuYMD/
    status/1980352492656554084) (2025.12.4. 열람)

안드레아스 일메르, 「도쿄 올림픽: 일본은 왜 욱일기 응원을 허용하는 걸
    까?」, 『BBC NEWS』 2020.1.3 (https://www.bbc.com/korean/news-
    50979657)(2025.12.4. 열람)

양성희, 「죽어가는 극장가에서 불씨를 일으키는 자들, 日 애니메이션」,
    『KOCCA Vol.38』(https://www.kocca.kr/n_content/kocca_vol38/02.html)
    (2025.12.4. 열람)

4부

여성청년의 계보

문소정(2017),「한국과 일본 여성의 근대적 자각에 관한 비교연구 – 여권선언
　　　문을 중심으로」,『동북아문화연구』1(53), 497-515.

안영배,「독립운동가로 변신한 여학생들…속옷에 고향 부모 이름까지 써 붙
　　　여」,『동아일보』, 2019.3.15.

윤정란(2019),「한국근대여성운동의 역사적 기원지-'여권통문' 결의 장소 발
　　　굴」,『여성과역사』30, 33-78.

이상경(2020),「1930년 서울 여학생 만세운동 연구-여학생의 '신문조서'를
　　　활용하여」,『여성과역사』33, 191-231.

최나현·양소영·김세희(2025),『백날 지워봐라, 우리가 사라지나-광장에 선
　　　'딸'들의 이야기』, 오월의봄.

홍석률(2015),『동일방직 사건과 1970년대 여성노동자, 그리고 지식』, 역사비
　　　평, 232-251.

타이완 청년들, 국가와 민주주의를 업데이트하다

전병근,『대만의 디지털 민주주의와 오드리 탕』, 스리체어스, 2021.

Fell, Dafydd(ed.), *Taiwan's Social Movements under Ma Ying-jeou: From the
　　　Wild Strawberries to the Sunflowers*, Routledge, 2017.

Ho, Ming-sho, *Challenging Beijing's Mandate of Heaven: Taiwan's Sunflower
　　　Movement and Hong Kong's Umbrella Movement*, Temple University
　　　Press, 2019.

Ho, Ming-sho, "Occupy Congress in Taiwan: Political Opportunity, Threat,
　　　and the Sunflower Movement", *Journal of East Asian Studies*, 2016.

何明修,『為什麼要佔領街頭? 從太陽花、雨傘、到反送中運動』, 左岸文化,
　　　2019.

우산과 마스크

김진용, 「우산혁명은 왜 지속되지 못했는가?: 홍콩 시위의 발발과 파급력, 그리고 한계」, 『동아연구』 35권 2호, 2016.

장정아, 「'본토'라는 유령: 토착주의를 넘어선 홍콩 정체성의 가능성」, 『동향과 전망』 98호, 2016.

정다은, 「퍼포먼스로서의 디지털 시민운동- 홍콩, 태국, 미얀마의 시민운동을 바탕으로」, 『문화와 융합』 43권 11호, 2021.

Antony Dapiran, *City on Fire: The Fight for Hong Kong*, Scribe Publications, 2020.

Sonny Shiu-Hing Lo, Steven Chung-Fun Hung, and Jeff Hai-Chi Loo, *The Dynamics of Peaceful and Violent Protests in Hong Kong: The Anti-extradition Movement*, Palgrave Macmillan, 2020.

Sebastian Veg, "The Rise of 'Localism' and Civic Identity in Post-handover Hong Kong: Questioning the Chinese Nation-state", *The China Quarterly* Vol. 230, 2017.

교실 밖으로 나선 아이들

「저소득층 어린이 · 청소년 74% "기후위기로 주거 환경 악화 체감"」, 〈경향신문〉, 2024. 3. 12.

「美타임 '올해의 인물'에 16세 환경운동가 툰베리…역대 최연소」, 〈연합뉴스〉, 2019. 12. 11.

「기후소송 이긴 청소년, 한참 울먹였다 "기쁘지만 막막하네요"」, 〈중앙일보〉, 2024. 8. 29.

Han, H., & Ahn, S. W. (2020). Youth mobilization to stop global climate change: Narratives and impact. *Sustainability*, 12(10), 4127.

Neas, S., Ward, A., & Bowman, B. (2022), Young people's climate activism: A review of the literature, *Frontiers in Political Science*, 4, 940876.

찾아보기

청년이 온다

초판 1쇄 발행 2026년 2월 27일

지은이 김동규 김선기 김성민 김수현 박은혜 서광덕 서창배 석영미
        손안석 심귀연 이소은 이중희 하성호 한희진 홍창유
엮은이 국립부경대학교 인문한국3.0사업단
펴낸이 강수걸
편집 강나래 이선화 이소영 오해은 이혜정
디자인 권문경 조은비
펴낸곳 산지니
등록 2005년 2월 7일 제333-3370000251002005000001호
주소 부산시 해운대구 수영강변대로 140 BCC 626호
전화 051-504-7070 | 팩스 051-507-7543
홈페이지 www.sanzinibook.com
전자우편 sanzini@sanzinibook.com
블로그 http://sanzinibook.tistory.com

ISBN 979-11-6861-596-0 03330

* 책값은 뒤표지에 있습니다.
* 잘못 만들어진 책은 구입처에서 교환해드립니다.
* 이 저서는 2025년 대한민국 교육부와 한국연구재단의 지원을 받아 발간되었음.
  (NRF-2025S1A6B5A02004116)